图书反馈

重磅！真题重奖征集！

凡提供当年度考试真题者，均可获得现金奖励。具体请联系QQ:3232490489。

（温馨提示：所提供真题须是当年度考试真题，且真实有效。最终解释权归山香教育所有）

亲爱的考生：

感谢您对山香教育的信任和支持，您的建议是我们前进的动力！为进一步提高图书质量，我们特向全国各地的考生开展有奖反馈活动。

1.凡提供山香图书的错题反馈者，均能获得价值99元的山香网课《高频考点》（基础版）大礼包1份。

2.凡提供反馈项目者，可获得价值299元的山香网课《高频考点》（豪华版）超级大礼包1份。

3.我们从意见被采纳人员中每月抽取幸运者2名，各奖励价值1380元的山香网校网课大礼包一份。

图书反馈链接

¥99
大礼包

¥299
超级大礼包

反馈项目

姓名： 专业： 报考地区：

手机号： QQ号：

1.您认为图书中可以增加哪些模块或内容，有助于您的学习？

2.您对本书的印刷、装订、封面有何意见和建议？

3.结合山香现有图书和考情需要，您还需要哪些形式的备考资料？

联系方式：400-600-3363 研发部QQ：1831595423

招教网：http：//www.zhaojiao.net 山香网校：http：//www.sx1211.cn

图书订正链接

20. 幼儿园教育活动内容广泛而复杂，所以必须根据实际情况和需要，灵活选择和运用适宜的评价方法。这体现(　　)的要求。(易错)

A. 评价取向多元化　　B. 评价情境自然化
C. 评价类型多样化　　D. 评价主体多元化

二、判断题(判断下列各题的正误，并在题后括号内打"√"或"×"。本大题共10小题，每题1分，共10分)

21. 情境测验法是由美国心理学家莫雷诺1930年提出的一种测定团体人际关系的理论和方法，我们将其引入学前儿童社会性发展评价之中。(　　)

22. 幼儿一日活动的组织应当动静交替、注重幼儿的直接感知、实际操作和亲身体验，保证幼儿愉快地、有益的自由活动。(常考)(　　)

23. 教师应引导幼儿在生活情境和阅读活动中自然地产生对文字的兴趣。(　　)

24. 开始用线条和简单的形象组合来表征自己所感知过的事物说明幼儿处于涂鸦期。(　　)

25. 面对图画书、幼儿并不认识文字。但根据图画形象，他们描述出一个生动的故事，这是幼儿对艺术美的解读。(易错)(　　)

26.《3～6岁儿童学习与发展指南》中艺术领域的四个目标用了三个"喜欢"，这主要是为了强调幼儿自我表现力的培养很重要。(　　)

27. 从某种程度上说，游戏本身就是学前儿童参与社会生活的独特方式。(　　)

28. 在大班科学教育活动"动物的保护色"中，应该引导幼儿掌握的关键经验是动物对环境的适应性。(　　)

29. 幼儿园教师经常在体育活动中通过语言示范帮助幼儿掌握动作要领。(　　)

30. 为儿童提供正面的榜样，是形成儿童道德行为的关键途径。(　　)

三、多项选择题(下列各题备选答案中至少有两项是符合题意的，请找出恰当的选项，并将其代码填在相应的括号内，多选、错选或少选均不得分。本大题共10小题，每小题2分，共20分)

31. 积木区是让幼儿操作积木的活动区。这里幼儿能利用积木自由地进行建构和组合，区域设置的目标是(　　)

A. 发展幼儿的空间知觉　　B. 促进幼儿与他人合作能力的发展
C. 促进幼儿表达能力发展　　D. 发展幼儿的美感

32. 幼儿对游戏充满了兴趣，在游戏中，幼儿能够无拘无束地玩耍，产生许多新颖的想法和独特的行为，激发了创造性的萌生和发展。因此幼儿园游戏对幼儿创造力发展的影响是(　　)(易错)

A. 为幼儿提供了宽松的心理氛围　　B. 催发了幼儿的探究行为
C. 激发了幼儿的发散性思维　　D. 提高了幼儿的创造性水平

33. 幼儿良好行为习惯的养成是一项长期的、细致的工作，幼儿习惯的养成有许多方法可以采用，要选择合适的方法让幼儿容易接受、乐于接受。在教学中，经常采用的方法有(　　)

A. 行为练习法　　B. 情境教育法　　C. 讲授法　　D. 实践锻炼法

10. 新入园的幼儿有时会问老师:“妈妈什么时候来接我?”不适合的回答是(　　)

A. 妈妈放学后来接你　　B. 你想妈妈的时候,妈妈来接你

C. 妈妈一下班就会来接你　　D. 妈妈下午5点来接你

11. 为了帮助幼儿学习正确的洗手方法,老师将正确洗手的流程图贴在洗手池上方,这是运用了(　　)

A. 成果欣赏法　　B. 谈话讨论法

C. 评价激励法　　D. 图示观察法

12. 幼儿园教师经常使用有趣的故事、谜语或形象的动作描述等形式来激发幼儿的活动兴趣。这些方法属于(　　)(易错)

A. 语言激励法　　B. 材料吸引法

C. 表演法　　D. 暗示法

13. 阳阳能画圆圆的西瓜和气球,并能沿着边线平滑地剪下来,由此判断该幼儿手部动作发展正处于哪个年龄阶段的水平(　　)

A. 2~3岁　　B. 3~4岁　　C. 4~5岁　　D. 5~6岁

14. 韵律活动的目标,重点是培养儿童的参与意识和(　　),尝试自由律动,培养幼儿的自我表现力。

A. 模仿能力　　B. 创造能力

C. 发现能力　　D. 舞蹈能力

15. 幼儿社会领域学习与发展是在人际交往和社会环境的相互合作中进行的,在人际交往和社会适应过程中,幼儿进行社会学习的主要方式不包括(　　)

A. 自律　　B. 模仿　　C. 体验　　D. 同化

16. 游戏时,教师请幼儿按照要求拿出几个球,这属于幼儿数学活动中的(　　)(常考)

A. 口头数数　　B. 按物点数

C. 按数取物　　D. 说出总数

17. 为小班幼儿选择看图讲述的图片应是(　　)

A. 画面大,色彩鲜艳,角色不宜过多

B. 角色形象突出,能从图中了解角色的心理活动

C. 多幅图,不少于4幅

D. 画面内容较复杂,画面各个事物都有联系

18. 菲菲在幼儿园绘画中用很长的波浪线画小草,王老师认为她画得不像,叫她用三根小短线形成的三叉作为小草,这更像现实生活中的小草。老师的做法(　　)

A. 教会菲菲正确画小草的方法　　B. 尊重菲菲自己的想法

C. 矫正菲菲对小草的错误感知　　D. 过于强调画画技能,损害幼儿绘画兴趣

19. “能结合情境感受到不同语气、语调所表达的不同意思。”这是哪个年龄段幼儿在“认真听并能听懂常用语言”方面的具体目标(　　)

A. 3~4岁　　B. 4~5岁　　C. 5~6岁　　D. 3~6岁

2. 张老师组织设计了幼儿照着镜子画出自己开心的表情的环节，小朋友兴奋地边看边谈论，只有多多没有照看镜子，一直看自己衣服上的小猫图案。小朋友都开始画了，多多还是低头没有动笔。张老师走过来问道："你怎么不画？"多多怯生生地说："老师，我不会画自己，我想画衣服上的小猫，行吗？"老师说："不行，你先画自己，以后再画小猫。"多多很不开心，一会摆弄小镜子，一会东张西望，活动结束了，他的画还是一张空白。

(1)根据实施《3～6岁儿童学习与发展指南》应把握的几个方面，分析该教师的教育行为。

(2)请提出合理的建议。

3. 晨间检查的主要步骤是:一看,二摸,三________,四________。

4. 幼儿园课程的最核心要素是________。

5. 幼儿科学包括________和数学认知两大领域,应注重引导幼儿通过直接感知、亲身体验和________进行科学学习。

6. 幼儿园教育是________的重要组成部分,是我国学校教育和________的奠基阶段。

7. 幼儿园社会领域的教育具有________的特点。

8. 实施美育的主要途径是________。(常考)

9. 活动课程打破了学科本身的逻辑,注重儿童的学习过程。很多学者也把经验课程称之为"________"。

10.《3~6岁儿童学习与发展指南》指出每个领域由学习与发展目标和________两部分构成。

三、简答题(本大题共3小题,每小题6分,共18分)

1. 简述幼儿的安全教育。

2. 简述幼儿科学教育的目标。(常考)

3. 简述学前健康教育的主要内容。

四、案例分析题(本大题共2小题,第1小题10分,第2小题12分,共22分)

1. 进餐时,强强的手臂被面条烫伤了,在医生来之前,教师给强强的手臂抹了牙膏。

(1)该教师的处理方式是否恰当?请结合案例分析理由。

(2)说明幼儿烫伤的正确处理方法。

教师招聘考试全真模拟试卷(二)

(满分100分　时间120分钟)

一、单项选择题(在每小题列出的四个备选项中只有一个是符合题目要求的,请将其代码填写在题后的括号内。错选、多选或未选均无分。本大题共35小题,每小题2分,共70分)

1. 幼儿园必须把保护幼儿生命和促进幼儿健康放在工作的(　　)(常考)

A. 重要位置　B. 主要位置　C. 首位　D. 次位

2. “具有文明的语言习惯”,该目标属于《3~6岁儿童学习与发展指南》语言子领域中的(　　)

A. 阅读与书写准备　B. 阅读与理解

C. 倾听与书写准备　D. 倾听与表达

3. “与同伴发生冲突时,能在他人的帮助下和平解决”。该社会领域的典型表现所属的年龄班是(　　)

A. 大班　B. 中班　C. 小班　D. 学前班

4. 幼儿科学学习的核心是(　　)

A. 认知　B. 理解　C. 操作　D. 探究

5. “喜欢花草树木”,所体现的艺术领域目标是(　　)(易混)

A. 具有初步的艺术表现与创作能力　B. 喜欢欣赏多种多样的艺术形式和作品

C. 亲近自然,大胆表现　D. 喜欢自然界与生活中美的事物

6. 着重培养幼儿独白语言的活动是(　　)

A. 听说游戏　B. 谈话活动　C. 文学活动　D. 讲述活动

7. 某中班一次美术活动“画熊猫”,教师制定的目标之一是:让幼儿掌握画圆和椭圆的技能。这一目标属于幼儿园的(　　)

A. 中期目标　B. 近期目标　C. 活动目标　D. 长期目标

8. 教师应成为幼儿学习活动的支持者、合作者和(　　)

A. 引导者　B. 主导者　C. 传授者　D. 传播者

9. 幼儿园教育工作评价,实行以(　　)为主。(常考)

A. 园长评价　B. 管理人员评价

C. 教师自评　D. 家长评价

10. 不要用力牵拉幼儿的手臂以防脱臼,这是因为幼儿的(　　)

A. 骨韧性强　B. 骨密度大

C. 肌肉容易疲劳　D. 关节周围韧带不够结实

11. 保教人员给幼儿皮肤擦药要注意药物浓度和剂量。这是因为幼儿皮肤(　　)(易错)

A. 保护能力差　B. 调节体内功能差

C. 渗透能力作用强　D. 表面蒸发快

五、活动设计题(本大题25分)

请设计中班语言活动“春雨的色彩”,要求写明设计意图、活动目标、活动准备、活动过程。

春雨的色彩

春雨,像春姑娘纺出的线,没完没了地下到地上,沙沙沙,沙沙沙……

一群小鸟在屋檐下躲雨,他们在争论一个有趣的问题:春雨到底是什么颜色的?

小白鸽说:“春雨是无色的,你们伸手接几滴瞧瞧吧。”

小燕子说:“不对,春雨是绿色的。你们瞧!春雨落到草地上,草地绿了;春雨淋在柳树上,柳枝儿绿了……”

麻雀说:“不对!春雨是红色的。你们瞧!春雨洒在桃树上,桃花红了;春雨滴在杏树上,杏花儿红了……”

小黄莺说:“不对,不对,春雨是黄色的。不是吗?它落在油菜地里,油菜花黄了;它落在蒲公英上,蒲公英的花儿也黄了……”

春雨听了大家的争论,下得更欢了,沙沙沙,沙沙沙……它好像在说:“亲爱的小鸟们,你们的话都对,但都没说全面。我本身是无色的,但我能给春天的大地带来万紫千红……”

19. 幼儿园课程组织应消除学科知识之间彼此孤立的局面，将学科知识有机地联系起来。这反映了幼儿园课程组织的(　　)

A. 连续性　　B. 顺序性　　C. 层次性　　D. 整合性

20. “五指活动”课程是(　　)提出的。(常考)

A. 陈鹤琴　　B. 陶行知　　C. 张雪门　　D. 张宗麟

二、名词解释(本大题共5小题，每小题3分，共15分)

1. 社会化

2. 音乐欣赏(常考)

3. 学前儿童体育

4. 隐性课程

5. 形成性评价(易错)

三、简答题(本大题共3小题，共22分)

1. 简述《幼儿园教育指导纲要(试行)》中艺术教育的目标。(常考)

9. 教师应利用和创设各种情境,组织多种多样的活动,让学前儿童参与其中。这是学前儿童社会教育的(　　)

A. 情感支持原则　　B. 生活教育原则

C. 行为实践原则　　D. 一致性原则

10. 通过一些形式让幼儿去理解和分享他人的情绪体验,以使幼儿在生活中对他人的类似情绪能主动、习惯地自然理解和分享的方法是(　　)

A. 陶冶法　　B. 角色扮演法

C. 移情训练法　　D. 行为练习法

11. 根据幼儿心理发展特点,"前读写"阶段主要完成的任务是(　　)

A. 严格要求　　B. 培养读写兴趣

C. 主要指出缺点和不足　　D. 尽可能多识字

12. 以下属于幼儿园心理健康教育内容的是(　　)

A. 性教育　　B. 生活卫生习惯

C. 饮食与营养　　D. 人体认识和保护

13.《幼儿园教育指导纲要(试行)》中提到的五个领域,每个领域都可以提炼出一个关键的能力,艺术是(　　)

A. 感受能力　　B. 表现能力　　C. 创造能力　　D. 思维能力

14. 幼儿的语言能力是(　　)在发展起来的。

A. 讲话　　B. 阅读　　C. 运用　　D. 倾听

15. 在幼儿生活经验的基础上,帮助幼儿了解自然、环境与人类生活的关系。从身边的小事入手,培养初步的(　　)和行为。

A. 感性认识　　B. 环保意识　　C. 人文意识　　D. 自然规律

16. 下列关于艺术表现与创造能力的学习与发展目标中,适合4~5岁幼儿的是(　　)

A. 能模仿学唱短小歌曲

B. 能用自然的、音量适中的声音基本准确地唱歌

C. 能用基本准确的节奏和音调唱歌

D. 喜欢听音乐或者观看舞蹈、戏剧等表演

17. 生成课程最大的特点是活动的生长点与幼儿的兴趣紧密相连,活动的展开以幼儿内在的需要为动力,课程通常表现为(　　),这与教师中心课程是有差别的。

A. "计划不及变化快"　　B. 计划赶不上变化

C. 计划=变化　　D. 计划>变化

18. 从课程评价的方法划分,可以将课程评价分为(　　)

A. 形成性评价和终结性评价　　B. 定性评价和定量评价

C. 内部评价和外部评价　　D. 整体评价和局部评价

35. 请以“时尚宝贝”为主题设计一篇大班幼儿美术活动。要求写出活动目标、活动准备和活动过程。

36. 请结合丰富幼儿对八一南昌起义纪念塔的认知，设计一节中班红色文化教育活动，题目自拟。要求写明：活动设计意图、活动目标、活动准备、活动重难点、活动过程。

37. 请以“好听的故事”为主题内容，选择合适的年龄段和领域进行一课时的教学设计（包括目标、准备和过程等）。

38. 请以“漂亮的年画”为题，设计一个幼儿园大班活动方案。要求：教案格式完整规范，语言清晰、简洁、明了，目标设计、内容选择、方法运用符合幼儿年龄特征和领域特点。

32. 根据中班幼儿的年龄特点设计一个关于“卵生和胎生”的科学教育活动，要求写出活动目标、活动准备以及活动过程。

33. 请设计幼儿园大班数学教案——“认识时钟”，要求写出活动目标、活动准备、活动过程以及活动延伸。

34. 根据中班幼儿的年龄特点设计一个《小小粉刷匠》的歌唱活动，要求写出活动目标、活动准备以及活动过程。

附儿歌：

小小粉刷匠

我是一个粉刷匠，粉刷本领强。
我要把那新房子，刷得更漂亮。
刷了房顶又刷墙，刷子飞舞忙。
哎呀，我的小鼻子变呀变了样。
我是一个粉刷匠，粉刷本领强。
我要把那新房子，刷得更漂亮。
刷了房顶又刷墙，刷子飞舞忙。
哎呀，我的小鼻子变呀变了样。

乌龟听到狐狸这么一说,“哇”地一声哭了:“狐狸,狐狸,你行行好,千万别把我扔到池塘里去,我最怕水,掉在水里就没命了!”

狐狸才不理它呢,抓起它的硬壳,走到池塘旁边,“扑通”一声,把乌龟扔到水里去了。

乌龟下了水,就伸出四条腿来,划呀,划呀,一直划到青蛙身边。两个好朋友,一边笑,一边说:“狐狸,狐狸,你还想吃我们吗?说呀,说呀!”

狐狸气昏了,身子一纵,向青蛙和乌龟扑去,“扑通”一声,掉到池塘里去了。青蛙和乌龟看见水面上冒了一阵子气泡,再没看见狐狸露出水面来。

27. 根据小班幼儿的年龄特点,设计一个关于“小树叶飘呀飘”的语言活动,要求写出活动目标、活动准备以及活动过程。

附儿歌:

小树叶飘呀飘

小树叶,飘呀飘,飘在我的头顶上。
小树叶,飘呀飘,飘在我的肩膀上。
小树叶,飘呀飘,飘在我的膝盖上。
小树叶,飘呀飘,飘到地上睡大觉。

25. 请根据中班幼儿的年龄特点，以“禽蛋”为主题设计一个健康教育活动方案。要求写出活动目标、活动准备及活动过程等。

26. 根据大班幼儿的年龄特点设计一个关于《聪明的乌龟》的语言教育活动，要求写出活动目标、活动准备以及活动过程。

附故事：

聪明的乌龟

一只狐狸，肚子饿得咕咕叫，他东奔西跑地找东西吃，看见一只青蛙正在捉害虫，心里想，先拿这只青蛙当点心，填填肚子也好。

狐狸一步一步轻轻地跑过去，再跑上两步就要捉到青蛙了，可是，青蛙正在捉害虫，一点儿也不知道。

这事儿让乌龟看见了，他急忙伸长脖子，一口咬住狐狸的尾巴。

“哎哟，哎哟，谁咬我的尾巴？”狐狸叫了起来。

乌龟不说话，一个劲儿地咬住狐狸的尾巴不放。

青蛙听见背后狐狸在叫，就连蹦带跳地跑到池塘边，“扑通”一声跳到水里去了。

狐狸没吃到青蛙，气坏了，回过头来一看：“啊，原来是一只乌龟，我没吃到青蛙，就吃乌龟也行。”

乌龟可聪明了，把头一缩，缩到硬壳里去了。狐狸没咬着他的头，就去咬他的腿，乌龟又把四条腿一缩，缩到硬壳里去。狐狸没咬着他的腿，一看，还有条小尾巴呢，就去咬他的小尾巴，乌龟再把小尾巴一缩，也缩到小硬壳里去了。

狐狸实在饿慌了，就去咬乌龟的硬壳，“格崩，格崩”，咬得牙齿都发酸了，还是咬不动。

狐狸说：“乌龟，乌龟，我要把你扔到天上去，‘啪嗒’一下摔死你。”

乌龟说：“谢谢你，谢谢你，你扔吧，我正想到天上去玩玩呢！”

狐狸说：“乌龟，乌龟，我要把你扔到火盆里去，‘呼啦’一下烧死你。”

乌龟说：“谢谢你，谢谢你，你扔吧，我身上发冷，正想找个火盆来烤烤火呢！”

狐狸说：“乌龟，乌龟，我要把你扔到池塘里去，‘扑通’一下淹死你。”

19. 请根据中班幼儿身心发展的特点，设计一篇以“小松鼠采松果”为主题的音乐活动。要求写出活动目标、活动准备及活动过程等。

附

小松鼠找松果

哧溜哧溜，我是小松鼠，
哧溜哧溜，找啊找啊找松果，
爬爬爬爬爬上树，
爬爬爬爬爬上树，
松树爷爷请给我一颗小松果，
哧溜，哧溜。
哧溜哧溜，我是小松鼠，
哧溜哧溜，找啊找啊找松果，
爬爬爬爬爬上树，
爬爬爬爬爬上树，
松树爷爷请给我一颗小松果，
哧溜，哧溜。

17. 请设计一份小班教育活动计划——在一定范围内追逐跑。要求:(1)题目自拟;(2)写出活动目标、活动准备、活动过程;(3)写出游戏的玩法和规则。

18. 请设计一份中班科学教育活动计划——空气的秘密。要求:写出活动目标、活动准备、活动过程以及活动延伸。

附

空气的背景资料

空气是无色无味看不见摸不着的气体,空气中含有各种成分,空气有一定的压力,空气中混有沙尘、尘埃、金属粉末等固定颗粒及油类的粉尘……

12. 春天的色彩

一声春雷惊醒了正在冬眠的小熊，小熊在黑黑的树洞里睡了一个冬天，小熊想：过了一个黑色的冬天，春天来了，春天是黑色的吗？春天是什么颜色的呢？

小草告诉小熊："春天是嫩嫩的绿色。"

草莓告诉小熊："春天是甜甜的红色。"

小白兔告诉小熊："春天是跳跳的白色。"

小熊听了说："哦！我知道了，原来春天是嫩嫩的绿色、甜甜的红色、跳跳的白色。"

听了小朋友的诗歌，小熊突然激动地叫起来："我知道了，我知道了，春天是五彩缤纷的。"

请根据上面的材料，为中班幼儿设计一个主题为"春天的色彩"的语言活动，要求写出活动目标、活动准备以及活动过程。

13. 请根据所学相关知识，设计一个"认识几何体"的大班数学活动，设计内容包括：活动目标、活动准备以及活动过程。

10. 以诗歌“家”为内容，设计一个大班语言活动。

家

蓝蓝的天空是白云的家，密密的树林是小鸟的家，
绿绿的草地是小羊的家，清清的河水是小鱼的家，
红红的花儿是蝴蝶的家，快乐的幼儿园是小朋友的家。

11. 春节是我们中华民族的传统节日，举国上下，喜气洋洋，到处都在为迎接春节做准备。为了引导幼儿对身边常见事物和现象产生兴趣和探究欲望，让孩子们体验到过春节的快乐，知道自己又大一岁了。请设计小班综合活动——快乐的春节。要求写出活动目标、活动准备和活动过程。

5. **母鸡萝丝去散步**

母鸡萝丝出门去散步，她走过院子，狐狸紧紧地跟在后面。院子的中央有一把钉耙，狐狸一脚踩在钉耙上，钉耙一下子竖起来，“啪”的一声打在狐狸的脑门上，狐狸被打得头昏眼花。

母鸡继续往前走，她绕过池塘，狐狸还是紧紧地跟在后面。突然，狐狸脚下一滑，“扑通”一声，一头栽到池塘里，水花四溅，差点把狐狸淹死。

母鸡继续往前走，她越过干草堆，狐狸仍然紧紧地跟在后面。眼看就要靠近母鸡了，狐狸向前一扑，却一下子钻进了干草堆里。

母鸡继续往前走，她经过磨坊。面粉袋的绳子缠在了母鸡的脚上，当狐狸经过的时候，面粉袋的口“哗”地打开了，面粉洒在了狐狸的身上，压得狐狸动弹不得。

母鸡继续往前走，她穿过篱笆。狐狸看见篱笆的缝隙太小，钻不过去，就用力一跳，不偏不倚正好跳到山坡上的小推车上。小推车顺着山坡“咕噜咕噜”往下滚。

母鸡继续往前走，她钻过蜜蜂房，狐狸趴在小推车上，“轰”的一声撞倒了蜜蜂房。蜜蜂房里的蜜蜂“嗡嗡”的纷纷地向狐狸飞去，狐狸撒开四条腿飞快地逃走了。

母鸡按时回到家吃晚饭。

请根据所提供的“母鸡萝丝去散步”的材料，设计一个大班早期阅读活动。要求写出活动目标、活动准备及活动过程等。

4. 请根据下面的素材，设计大班主题活动方案，要求写出主题活动名称，主题活动总目标，2个子活动。每个子活动包括：活动名称、活动目标、活动准备和活动过程的主要环节。

周一早晨户外活动，幼儿被园子里五颜六色的花吸引了，有的在指认花的颜色，红的、黄的、白的、紫的；有的在数花瓣，三瓣、五瓣、六瓣的；有的在争论花的名字。他们发现有的花朵长得一样，但颜色不一样；有的花朵有香味，有的花朵没有香味……户外活动时间结束了，幼儿还一直很兴奋地谈论着……

6. 根据以下儿歌，设计一个小班儿童音乐活动。要求写出活动目标、活动准备和活动过程。

附儿歌：

大拇指

大拇指大拇指，你在哪里？

我在这里，我在这里，你好不好。

7. 最近，孩子们似乎对房子都特别感兴趣，大家凑在一起总在讨论自己家的房子是什么样的。有的孩子甚至会说，“等我长大了，我要买一栋别墅，里面要有各种各样的房间，我可以在里面跳舞，还可以在里面画画……”

请以房子为活动内容，设计一个大班美术教育活动，要求写出活动目标、活动准备和活动过程。

4.

漱口歌

手拿花花杯，
喝口清清水，
抬起头，闭上嘴，
咕噜咕噜咕噜咕噜吐口水。

围绕该歌曲，请设计一个小班艺术教育活动。要求写出活动目标、活动准备和活动过程。

5. 丰子恺是我国著名的儿童漫画家，他热爱儿童，陶醉于儿童的天真，一生画了许多精彩的儿童生活漫画。他曾说："由儿童变为成人，就好比青虫变为蝴蝶。而青虫的生活和蝴蝶是大不相同的。对待孩子，切不可在青虫身上装上翅膀，教他同蝴蝶一起飞翔；而应是蝴蝶收起翅膀同青虫一起爬行。"他的画里总能表现儿童的真实世界，最能引起儿童的共鸣。向学前儿童介绍丰子恺，不仅使学前儿童了解独具特色的中国绘画风格，了解中国漫画大师，激发学前儿童热爱中国优秀艺术的情感，而且也会在这些描述童年生活的画面中，了解我国民间游戏，引发学习民间游戏的兴趣。

以此为背景，设计一个大班儿童的绘画活动。要求写出活动目标、活动准备和活动过程。

知识4 科学

1. 请以“花”为主题，设计一个大班科学教育活动。

要求：

(1)题目自拟。

(2)写出活动目标、活动准备、活动过程等。

2. 根据中班幼儿的年龄特点设计一个关于“蒜瓣发芽”的科学教育活动，要求写出活动目标、活动准备以及活动过程。

3. 为使幼儿通过观察、学习认识兔子的主要特征，了解兔子的生活习性。请为大班幼儿设计科学教育活动“长耳朵兔子”。要求写出活动目标、活动准备及活动过程。

4. 请根据下列素材设计一个大班科学活动，要求写出活动名称、活动目标、活动准备、活动过程。

大班的胡老师为幼儿提供了各种吹泡泡的工具，有吹管、铁丝绕成的圈、塑料吹泡泡棒等，让幼儿在户外活动时自己吹泡泡玩。幼儿在吹泡泡的时候，有的能吹出很大的泡泡，有的只能吹出小泡泡，有的能一次性吹出好多个泡泡，有的一次只能吹出一个泡泡。结果，有的幼儿得意，有的幼儿沮丧。

针对上述现象，胡老师打算组织一个科学教育活动，以引发幼儿深入探究的兴趣，并使幼儿了解不同吹泡泡工具与吹出的泡泡之间的关系。

7. 根据中班幼儿的身心发展特点，组织一个关于好朋友的中班社会教育活动。要求写出活动目标、活动准备、活动过程。

附故事：

小胖熊吹气球

小胖熊拿来五个气球，分给大家。小胖熊说："这是顶顶好玩的气球。"

红色的气球给小狗，小狗不会吹气球，小胖熊帮他吹。哇！红色的气球像团火。

黄色的气球给小猫，小猫不会吹气球，小胖熊帮他吹。哇！黄色的气球像鸭梨。

绿色的气球给小兔，小兔不会吹气球，小胖熊帮他吹。哇！绿色的气球像个大苹果。

紫色的气球给小猪，小猪偏要自己吹气球，吹呀，吹呀，"啪！"吹爆了。紫色气球变成碎片片，小猪抹起了眼泪。

小胖熊拿出第五个气球。吹呀，吹呀，吹大了，气球像蓝天一样美丽。

小胖熊把蓝色气球送给小猪，小猪笑了。袋鼠阿姨走过来，把一束吹好的气球送给小胖熊，夸他是个好孩子。

2. 人们的生活日益改善，生活在优越条件下的“小皇帝”“小公主”们，很少用到礼貌用语，结合孩子的经验，请设计一个关于“问路”的社会教育活动。要求写出活动目标、活动准备以及活动过程。

附故事：

鼠先生问路

一天，鼠先生和鼠妹妹遇见了，鼠先生问：“鼠妹妹，你好吗？”鼠妹妹说：“我很好，可是我一个人在家真无聊，你来我家玩吧！”

于是鼠先生开着红色的小轿车上路了，可是开着开着他迷了路。

他看到一幢淡绿色的房子，有一只小青蛙，鼠先生问：“请问去鼠妹妹的家怎么走？”小青蛙说：“我也不知道，你去问一下别人吧！”

鼠先生继续往前走，看到一幢红色的房子，有一只大公鸡，鼠先生问：“请问去鼠妹妹的家怎么走？”大公鸡说：“沿着这条路笔直向前走就到了。”

鼠先生继续向前走，看到一幢黄色的大城堡，有一个大老虎，鼠先生问：“请问去鼠妹妹的家怎么走？”大老虎说：“转弯就到了！”

鼠先生再往前走，看到了一幢红色屋顶黄色墙的房子，鼠小姐出来了，鼠先生把蛋糕送给了鼠小姐，他们开心地拥抱在一起。

知识3 社会

1. 幼儿期是接受品德教育的最佳期，请根据大班幼儿的年龄特点，设计一个社会活动——粗鲁的小老鼠，要求写出活动目标、活动准备以及活动过程。

附故事：

粗鲁的小老鼠

有一只小老鼠，总觉得自己了不起，对别人很不礼貌。

一次他去上学，一只蜗牛迎面走了过来，挡住了他的去路。小老鼠凶巴巴地说："小不点儿，滚开，别挡我的路！"小老鼠说着一脚踢了过去，把蜗牛踢得滚出去很远。

有一次，小老鼠到河边喝水，觉得河里的一条小鱼妨碍了他，于是，捡起一块石头就扔了过去。小鱼受到袭击，吓了一跳，慌忙躲避。小老鼠哈哈大笑说："知道我的厉害了吧！"

一天晚上，小老鼠在回家的路上看见一只小猪躺在路边，就趾高气扬地说："谁给你这么大的胆子，竟敢挡住我的路！"说着，一脚踢了过去。

"嘭"地一声，小老鼠正好踢到小猪的脚上，小猪倒没什么事，小老鼠却"唉哟，唉哟"地叫了起来，原来他的脚肿起了一个大包。

小猪站起来对小老鼠说："你对别人傲慢无礼，不懂得尊重人，今天尝到苦头了吧？只有尊重别人，才能获得别人的尊重。"小老鼠羞愧地低下了头。

7. 根据小班幼儿的身心发展特点，组织一个关于《小铃铛》的故事活动。要求写出活动目标、活动准备、活动过程。

附故事：

小铃铛

小花猫今天真漂亮，脖子上戴了一个小铃铛，走起路来，铃铛会“丁零丁零”响。

小花狗看见了，说：“哟，小铃铛圆溜溜，多好玩！给我戴一下，好吗？”小花猫说：“不行，不行，会让你弄脏的。”

小白兔看见了，说：“瞧，小铃铛亮晶晶，多好看！给我戴一下，好吗？”小花猫说：“不行，不行，会让你弄坏的。”

小山羊看见了，说：“小铃铛，丁零零，多好听！给我戴一下，好吗？”小花猫说：“不行，不行，会让你弄丢的。”

小花猫蹦蹦跳跳走到河边，往水里照照自己的影子。嗨，多漂亮的小铃铛，圆溜溜、亮晶晶，还会“丁零丁零”响！他伸长脖子，想照照清楚，没想到脚下一滑，“扑通”一声，掉到河里去了。

小花狗正在河边玩，看见小花猫掉到河里去了，连忙去拉他。“嗨哟！——哎呀！”小花狗拉不动小花猫。小白兔和小山羊看见了，连忙跑过来帮忙。“嗨哟！嗨哟！嗨——”大家一起拉，才把小花猫拉上岸来。

小花猫多难为情呀。他低下头，拿下脖子上的小铃铛，说：“你们也戴戴小铃铛吧！”

4. 根据大班幼儿年龄阶段的特点，设计一个关于“蒲公英”的文学活动，要求写出活动目标、活动准备以及活动过程。

附散文：

蒲公英

草地上开着许多野花，我最喜欢蒲公英。

蒲公英开着黄色的小花朵，多么有趣的蒲公英。花朵凋谢后，花托上能结出雪白的绒毛似的球。田野的风吹着，那雪白的绒毛在天空中飞扬起来，比柳絮还要轻。飞着飞着，又像一朵朵雪花轻盈地降落下来。

5. 请根据大班幼儿的生活经验，让幼儿了解日记的基本知识，设计一个谈话活动，要求写出活动目标、活动准备以及活动过程。

6. 根据大班幼儿身心发展的特点，设计一个关于“春风”的语言活动。要求写出活动目标、活动准备以及活动过程。

附诗歌：

春　风

春风一刮，芽儿萌发。
吹绿了柳树，吹红了山茶。
吹来了燕子，吹醒了青蛙。
吹得小雨轻轻地下，孩子们河边去种瓜。

一天，一群小蚂蚁正忙着搬东西，它们从小猫身边走过时，小猫对它们友好的微笑，一只小蚂蚁说："小猫，你的微笑真甜啊。"小猫想："对呀，我可以把微笑送给朋友们，让它们高兴啊。"小猫就画了很多张图画，每一张画上都是小猫甜甜的微笑，小动物们看了高兴地笑了。

3. 根据4~5岁幼儿能单手将投掷物向前投掷4米左右的典型表现，设计一个中班体育活动方案。要求：自拟活动名称、活动目标、活动准备、活动过程、活动延伸。

专题七　幼儿园教育活动设计

命题分析

本专题主要以活动设计题形式进行考查，主要考查学生针对不同领域教育活动的设计能力。对考生实践能力要求较高，约占试卷总分值的15%。本专题需要重点掌握的知识包括：

1. 掌握幼儿园健康教育活动的设计要求和设计方法。
2. 掌握幼儿园语言教育活动的设计要求和设计方法。
3. 掌握幼儿园社会教育活动的设计要求和设计方法。
4. 掌握幼儿园科学和数学教育活动的设计要求和设计方法。
5. 掌握幼儿园音乐和美术教育活动的设计要求和设计方法。

基础过关

知识1 健康

1. 根据大班幼儿的年龄特点，设计一个有关“保护眼睛”的健康教育活动，要求写出活动目标、活动准备以及活动过程。

2. 请以《真高兴》为主题设计一个中班健康教育活动。要求写出活动名称、活动目标、活动准备、活动过程、活动延伸。

附故事

真高兴

小鸟、青蛙、蝴蝶、小猫是好朋友。

小鸟说：“我愿意为朋友们唱歌，让它们高兴。”

青蛙说：“我愿意为朋友们讲故事，让它们高兴。”

蝴蝶说：“我愿意为朋友们跳舞，让它们高兴。”

小猫好着急，它能为朋友们做些什么呢？

五、名词解释

1. 首调唱名法（易错）

2. 主题性音乐活动

3. “综合音乐感”教学法（常考）

4. 物体画（易混）

六、简答题

1. 简述柯达伊音乐教育体系的基本观点。

2. 简述中班儿童歌唱活动的目标。

3. 简述教师在音乐教育活动中运用语言进行指导时应注意的问题。（易错）

4. 简述儿童装饰画活动的指导要点。

2. 关于手工，下列说法正确的是(　　)(易错)

A. 手工不是美术　　B. 手工是美术

C. 手工不是造型活动　　D. 手工是造型活动

3. 造型即用美术的媒介创造出图形或形象，它是美术创作的基础。教师可对幼儿进行的造型指导包括(　　)

A. 引导幼儿观察、理解物体的形体结构　　B. 引导幼儿再现

C. 通过系列活动掌握物体的造型　　D. 巧妙安排画面和色彩

4. 涂鸦期分为(　　)

A. 无意涂鸦　　B. 有意涂鸦　　C. 控制涂鸦　　D. 命名涂鸦

5. 幼儿园艺术领域的教学活动内容包括(　　)

A. 劳动　　B. 讲故事　　C. 音乐　　D. 美术

三、判断题

1. 感知欣赏法主要是通过感知事物的审美属性，其目的不是形成科学概念，而是让儿童获得敏锐的审美感知能力，强调的是"美"。(常考)　(　　)

2. 学前儿童的手工活动属于艺术技能学习，不属于艺术创造范畴。　(　　)

3. 从音乐实践类型的角度来看，歌唱活动、韵律活动、音乐欣赏活动属于音乐表现活动，打击乐器演奏活动属于音乐体验活动。　(　　)

4. 线条是中小班儿童画中最基本的成分。　(　　)

5. 在同一年龄阶段的学前儿童中，艺术偏好和艺术才能都差不多。　(　　)

6. 学前儿童美术活动应以观察和模仿作为活动的先导。　(　　)

7. 在幼儿园歌唱教学中，两个小组(或声部)一先一后按一定间隔开始演唱同一首歌曲的演唱形式是对唱。　(　　)

8. 3岁幼儿的语言发展已有了许多进步，他们已经能够完整地再现一些短小或较长歌曲中比较完整的片段，在理解歌词含义方面也没有困难。　(　　)

9. 艺术教育的功能是整体的，不仅可以作用于右脑，也可以促进左脑语言功能的发展。　(　　)

10. 认识油画棒、蜡笔、水彩笔和画纸，掌握基本使用方法，养成正确的握笔和绘画姿势是大班美术绘画教育中的主要内容。　(　　)

四、填空题

1. ________是教师把美术过程中的难点、重点直接操作给儿童看，利于儿童在直接模仿的条件下，学习一些参加美术活动必须的、关键的、技术性的措施。(常考)

2. ________是教师在某种刺激下，激活儿童的思路，唤醒他们沉睡的经验，进入美术创造的思考过程的方法。

3. 对称是________幼儿绘画的一个重要特征。(易错)

4. ________是学前儿童美术欣赏教育的关键环节。

2. 简述儿童情节画活动的指导要点。（易错）

六、论述题

1. 试述教师为儿童提供手工活动材料时应注意的问题。

2. 试述儿童意愿画活动的指导。

四、名词解释

1. 命题画

2. 废旧材料制作(常考)

3. 体验法

4. 纸工

5. 装饰画

五、简答题

1. 简述儿童物体画活动的指导要点。

二、判断题

1. 学前儿童在未能作画之前，先能涂鸦。这时，儿童所画的是一些无意义的笔画。（　　）
2. 出现透明式绘画表现特征的幼儿处于图式期。(易错)（　　）
3. 并列式构图是儿童期孩子的主要构图方式，3岁以后开始出现，6岁以后完全消失。（　　）

三、填空题

1. 涂鸦期可以分为无意涂鸦、控制涂鸦、________三个阶段。
2. 在儿童绘画构图的发展中，初始阶段的构图是________。
3. ________是儿童期最高的构图形式，以这种方式构图的画面有了清晰明确的前后关系。

四、简答题

1. 儿童绘画发展的图式期有哪些特征？

2. 简述在象征期，儿童绘画的构思过程不稳定的表现。

3. 简述成人对涂鸦期儿童的指导建议。

4. 简述成人对图式期儿童的指导建议。

5. 简述学前儿童手工制作活动发展阶段。

知识5 学前儿童美术能力的发展阶段与特点

一、单项选择题

1. 儿童绘画能力发展的四个阶段排序正确的是(　　)

A. 涂鸦期—象征期—概念画期—写实期　B. 象征期—涂鸦期—概念画期—写实期

C. 涂鸦期—概念画期—象征期—写实期　D. 涂鸦期—象征期—写实期—概念画期

2. (　　)是儿童期孩子的主要构图方式。

A. 平行式构图　B. 零乱式构图　C. 并列式构图　D. 散点式构图

3. 儿童开始有目的地创造形体,用自己的样式符号来尝试表现物体。这说明其处于(　　)

A. 涂鸦期　B. 象征期　C. 图式期　D. 写实期

4. (　　)是学前儿童手工发展从无目的的活动走向样式化时期的过渡阶段。

A. 无目的的活动期　B. 基本形状期

C. 无样式化期　D. 无基本形状期

5. 幼儿在画画时,开始时画小人,后来在头部——大圆圈上加上些小圆圈、小点点,就说成是大树。这说明此阶段幼儿绘画时(　　)(易错)

A. 内容易转移　B. 形象含义易改变

C. 容易受他人影响　D. 爱随意涂画穿插

6. 在手工活动中喜欢用各种工具和材料进行制作,以表达自己的意愿。这个特点所处的年龄阶段是(　　)

A. 2～4岁　B. 3～5岁　C. 4～6岁　D. 5～7岁

7. 下面不属于图式期幼儿绘画表现特点的是(　　)

A. 强调式表现　B. 拟人化表现　C. 实用性表现　D. 装饰性表现

8. 画面有清晰明确的前后关系是幼儿期最高的构图形式。这种构图形式称为(　　)(易混)

A. 零乱式构图　B. 并列式构图　C. 平行式构图　D. 遮挡式构图

9. 有的孩子本来想画小花,看到别的小朋友在画汽车,他也画汽车了。汽车刚画完几笔,听见另一个小朋友说:“我画飞机。”他也说:“我画飞机。”经常有这种情况,邻座的小朋友画的画都很像。这说明幼儿绘画具有(　　)的特点。

A. 随意涂画穿插　B. 绘画内容转移　C. 易受他人影响　D. 形象含义易变

10. 幼儿绘画时,总认为是客观存在的东西就必须把它画出来,其视线就像X光一样能穿透任何东西似的。这种表现称为(　　)

A. 拟人化　B. 透明式　C. 展开式　D. 夸张法

11. 对幼儿绘画作品,不要以简单的“像与不像”来衡量,要尽量以探索、了解的态度去欣赏与解读。这是对(　　)的儿童绘画的指导要求。

A. 涂鸦期　B. 象征期　C. 定型期　D. 写实期

6. 非正规的美术教育活动不包括(　　)(常考)

A. 幼儿园环境布置活动　　B. 美术角和美术室

C. 绘画教学　　D. 随机的美术指导

二、判断题

1. “引导儿童欣赏并感受作品中形象的造型美、色彩的色调及其情感表现性、构图的对称、均衡、韵律与和谐美。”这是大班幼儿美术欣赏的活动目标。(　　)

2. 小班儿童的绘画教育目标之一是引导儿童掌握基本的绘画技巧。(　　)

3. 学前儿童美术教育是以培养学前儿童审美创造能力为核心的一种创造性教育。(　　)

三、名词解释

1. 感知欣赏法

2. 游戏练习法

3. 线索启迪法

4. 学前儿童美术欣赏活动

5. 学前儿童手工制作活动

6. 学前儿童绘画活动(易错)

四、简答题

1. 简述学前美术教育总目标中的认知目标。

6. 简述幼儿园歌唱材料选择的特点。

7. 简述多通道参与欣赏的注意事项。(常考)

8. 简述学前音乐教育活动方法的评价。

知识4 学前美术教育概述

一、单项选择题

1. 下列不属于小班幼儿手工活动目标的是(　　)(易混)

A. 引导儿童参加手工活动,体验手工活动的快乐

B. 引导儿童学习用浆糊、胶水等粘贴沙子、种子等点状材料

C. 引导儿童体验泥的可塑性,学习用搓、抟圆、压扁、粘合的方法塑造简单的立体物象

D. 引导儿童正确使用多种手工工具和材料,使他们喜爱各种手工活动

2. “能初步学会运用线条、形状表现力度、节奏与和谐”是学前美术教育总目标中的(　　)

A. 认知目标　　B. 情感目标　　C. 技能目标　　D. 创造目标

3. “能运用色彩,自由表现自己的情感和幻想”是学前美术教育总目标中的(　　)

A. 认知目标　　B. 情感目标　　C. 技能目标　　D. 创造目标

4. 引导幼儿学习利用多种绘画工具和材料,运用不同技法表现自己独特的思想和感受,体验创造的快乐是针对(　　)岁幼儿绘画活动的目标。

A. 2～3　　B. 3～4　　C. 4～5　　D. 5～6

5. 根据对美术和教育这两个方面的不同侧重,我们可以相应的将学前儿童美术教育分为美术取向的学前儿童美术教育和(　　)的学前儿童美术教育。

A. 功能取向　　B. 发展取向

C. 目标取向　　D. 教育取向

11. 教师用现场的演唱、演奏、做动作表演的方法来向儿童提供活动范例的教学方法是(　　)

A. 示范　　B. 演示　　C. 参与　　D. 提示

12. 歌唱能力的发展主要包括:歌词、音域、情感体验与表达、独立性、合作性、创造性和(　　)

A. 曲调、节奏、音准　　B. 音准、节奏、呼吸

C. 曲调、音准、呼吸　　D. 节奏、曲调、呼吸

13. 在幼儿园目前的歌唱教学活动中,常见的创造性歌唱教学主要有:创编新歌词;创编歌表演动作;处理歌曲的演唱表情和(　　);即兴歌唱和说话等。

A. 演唱形式　　B. 演唱动作　　C. 旋律　　D. 演唱风格

14. 幼儿园小班打击乐演奏的空间安排一般采用(　　)(易混)

A. 单马蹄形　　B. 双马蹄形　　C. 品字形　　D. 半圆形

15. 结构短小、内容紧凑、形象生动集中、音乐表现手法简单的歌曲,如《小老鼠》歌唱教学最适宜的方法是(　　)

A. 视谱教唱法　　B. 分句教唱法

C. 整体教唱法　　D. 歌词先行教唱法

16. 在学前音乐教育活动过程中,教师常用的范例指导方法主要有(　　)(易混)

A. 讲解、提问　　B. 示范、参与　　C. 示范、演示　　D. 示范、反馈

17. 在"教师将幼儿创编的动作进行组合并表演,请幼儿观看,并要求幼儿指出哪些人的动作被采用了"的教学过程中,教师运用的方法是(　　)

A. 提示　　B. 演示　　C. 退出　　D. 反馈

18. 教师在学前音乐教育活动中运用示范的目的不包括(　　)

A. 提供操作的材料和规则　　B. 维持幼儿参与活动的热情

C. 提供态度方面的榜样　　D. 提供更长远的追求目标

19. 为3～4岁儿童选择配器方案时,一般宜在(　　)

A. 乐句之间变化音色　　B. 乐段之间变化音色

C. 乐句之中变化音色　　D. 乐段之中变化音色

20. 系列歌唱教学方案设计的主要目的是(　　)

A. 让儿童较好地理解歌曲　　B. 让儿童熟练地掌握歌曲

C. 发展儿童的创造能力　　D. 让儿童在学会歌曲的过程中获得全面发展

21. 幼儿园韵律活动的第一目的是(　　)

A. 发展幼儿运用身体动作进行艺术表现的能力

B. 发展幼儿感受音乐的能力

C. 让幼儿享受参与韵律活动的快乐

D. 积累一定的音乐语汇和艺术动作语汇

知识3 学前音乐教育活动的设计与组织策略及指导与评价

一、单项选择题

1. 幼儿园音乐欣赏活动的导入模式有多种，其中(　　)的模式比较适合于结构单纯、清晰的作品，以及不太注重感知体验细节的教学设计。

A. 从作品的某个部分开始　　B. 从讲故事开始

C. 从某种辅助材料开始　　D. 从完整作品开始

2. 在幼儿园音乐教育中，教师必须准确地把握好儿童原有的基础和能力水平，并以此为依据着眼于儿童身心全面发展。这一思想体现了幼儿园音乐教育活动设计的(　　)

A. 实践性原则　　B. 发展性原则

C. 整合性原则　　D. 审美性原则

3. 在幼儿园音乐教育中，教师要自然地将音乐领域的内容与其他学科领域的内容相互交融和渗透，同时也将各种不同领域的音乐内容、不同的音乐学习方法等作为一个互相联系的完整体系来看待。这体现了幼儿园音乐教育活动设计的(　　)

A. 发展性原则　　B. 主体性原则

C. 审美性原则　　D. 整合性原则

4. 学前音乐教育活动的设计与组织中要注意遵循发展性原则、(　　)、审美性原则和整合性原则。

A. 适宜性原则　　B. 基础性原则　　C. 主体性原则　　D. 灵活性原则

5. 韵律活动的材料包括(　　)

A. 动作、音乐、道具　　B. 音乐、道具、舞蹈

C. 动作、歌曲、道具　　D. 歌曲、音乐、道具

6. 在韵律教学活动中，让儿童在观察具体事物的外部形象或运动状态后，立即用自己的动作创造性地进行表现活动的方法是(　　)

A. 回忆导入　　B. 动作导入　　C. 观察导入　　D. 练习导入

7. 为5~6岁儿童选择的韵律动作主要为(　　)

A. 基本动作　　B. 模仿动作　　C. 创编动作　　D. 舞蹈动作

8. 下列哪一项不是韵律动作(　　)(常考)

A. 舞蹈动作　　B. 表演动作　　C. 模仿动作　　D. 基本动作

9. 为4岁以前儿童选择韵律动作时，应以(　　)为主。

A. 基础动作　　B. 模仿动作　　C. 舞蹈动作　　D. 专门动作

10. 在韵律教学活动中，从复习某个熟悉的动作开始练习新动作学习的活动，或直接从观察新动作做示范开始的新动作学习活动的方法是(　　)

A. 观察导入　　B. 回忆导入

C. 基本动作复习或练习导入　　D. 队形复习或学习导入

5. 简述大班儿童打击乐演奏活动的目标。

6. 简述学前音乐教育总目标中打击乐演奏活动的情感与态度目标。

7. 简述学前音乐教育总目标中音乐欣赏活动的认知目标。

知识 2 学前音乐教育的基本理论和学前儿童音乐能力的发展阶段与特点

一、单项选择题

1. 铃木教学法也被称为(　　)

A. 小组教学法　　B. 混合教学法

C. 母语教学法　　D. 听觉训练法

2. 奥尔夫音乐教育体系的教学组织形式是(　　)和综合教学。(易混)

A. 小组教学　　B. 个别教学　　C. 集体教学　　D. 混合教学

3. 提出"儿童生活音乐化"思想的是我国著名儿童教育家(　　)

A. 蔡元培　　B. 张雪门　　C. 陈鹤琴　　D. 张之洞

4. 达尔克罗兹音乐教育体系及教学实践的基本内容分为(　　)三个方面。(易错)

A. 合唱指挥、视唱练耳、即兴创作　　B. 体态律动、视唱练耳、即兴创作

C. 视唱练耳、讲练结合、即兴创作　　D. 体态律动、即兴创作、合唱指挥

5. (　　)认为才能是通过后天的有效教育发展起来的,为儿童提供优良的教育环境是才能发展的第一个必要条件。

A. 达尔克罗兹　　B. 柯达伊　　C. 铃木　　D. 奥尔夫

6. 铃木音乐教育体系中有许多独特的方法,其中最具特色的就是(　　)、集体教学以及音乐听觉训练。

A. 才能运动　　B. 母亲参与　　C. 教学六步　　D. 母语教学法

三、填空题

1. ________是音乐教育方法中最具特色的一个方面。

2. ________不仅是具体、形象的，而且还具有很强的感染力。

3. 学前音乐教育活动从活动目的的角度可分为________、________、________。

四、名词解释

1. 打击乐演奏活动（易错）

2. 音乐欣赏活动

3. 对唱

五、简答题

1. 简述学前音乐教育的特点。

2. 简述学前音乐教育总目标中歌唱活动的操作技能目标。

3. 简述小班儿童歌唱活动的目标。

4. 简述中班儿童音乐欣赏活动的目标。

八、案例分析题

1. 一次早餐时间，杜老师对孩子们说："要好好吃饭哦！因为只有这样才能长得高，长得结实，就像植物一样每天喝水，才能长得好。"杜老师刚说完就有个声音反应过来："杜老师，植物又没有嘴巴，它是用什么喝水的呢？""对呀，对呀。"许多孩子随声附和着。听到这个问题，杜老师的第一个反应是："这个问题有意思，虽然看似简单，但却是由孩子自身经验有感而发的，且充满童趣。如果我告诉他们是植物的根，他们一定又会问为什么根会喝水等许多问题，这样一来，岂不是剥夺了孩子们一次观察和探究的机会吗？我何不抓住这个兴趣点，让他们自己寻找答案呢？"于是杜老师笑了笑说："你们先吃饭，吃完了我就告诉你们。"饭后杜老师带着孩子们到自然角，看了许多植物的种子："你们不是很想知道植物是怎样喝水的吗？我们现在就来种一些植物吧，你们仔细观察就会得到答案的。"

   请用幼儿园科学教育的有关知识，分析案例中杜老师的做法。

2. 一天，在大班的种植园。有一个小朋友看到土里钻出来一只蚯蚓，立即大声招呼："快看快看，这儿有一条蚯蚓。"这叫声吸引了许多小朋友聚拢过来，"它是怎么生活在土里的呢？""它吃什么长大的呢？""它是吃青菜的根。""它应该是吃土长大的。"小朋友们七嘴八舌地讨论开来。林老师见到了，建议小朋友们把蚯蚓带回班级，养在有土的透明玻璃皿里，并引导小朋友设计一张记录表，每天对它进行观察和记录。林老师还动员家长和孩子们一起上网查找蚯蚓的不同种类、生活习性等方面的资料，还在班级张贴了各种各样蚯蚓的图片。两周后，林老师组织大家开展一个交流讨论活动"我认识的蚯蚓"。

   (1)结合材料分析林老师在组织该科学教育活动中的教育行为特点。

   (2)结合材料为"我认识的蚯蚓"活动设计至少三个供幼儿交流讨论的问题。

6. 简述幼儿科学探究的过程。

7. 春天来了，张老师在科学区投放了几只蚕宝宝，让幼儿观察。

(1)指出张老师选择蚕宝宝作为科学教育内容的主要依据。

(2)简述幼儿园科学教育活动的主要内容。

七、论述题

1. 试述学前数学教育的总目标。

2. 试述学前儿童感知量的发展过程。(易错)

综合提升

一、单项选择题

1. 关于科学，正确的说法是（　　）（易混）

A. 科学以改造自然为目的

B. 科学回答的是“做什么”的问题

C. 科学是获得新发现的过程

D. 科学是将理论应用于实践的过程

2. 下列不属于学前儿童科学教育中常用的评价方式是（　　）

A. 观察分析法　　B. 问卷调查法　　C. 实验法　　D. 作品分析法

3. 形成一和多的数概念，形成白天、晚上的时间概念。这属于哪个年龄段的科学教育目标（　　）

A. 2～3岁　　B. 3～4岁　　C. 4～5岁　　D. 5～6岁

4. 当儿童在观察和玩冰块的时候，就会感受到冰的性质：冷冷的、硬硬的、放到嘴里没有味道、还会发现冰化成了水等。这些感受和发现都是（　　）（易混）

A. 科学知识　　B. 科学经验　　C. 科学探索　　D. 科学概念

5. 对学前儿童进行科学教育的目的在于（　　）

A. 丰富幼儿科学知识储备

B. 提高幼儿科学素养

C. 帮助幼儿更好地认识世界

D. 为国家培养科学家奠定基础

6. 在幼儿科学教育活动中，尊重幼儿主体地位，让他们在丰富的实践活动中进行主动的探索，从而获取科学知识、发展科学能力、培养科学精神。符合科学教育的（　　）

A. 科学性原则

B. 发展性原则

C. 整合性原则

D. 活动性原则

7. 幼儿认识空间方位的发展顺序是（　　）（常考）

A. 上下、前后、左右

B. 上下、左右、前后

C. 前后、上下、左右

D. 前后、左右、上下

8. 小班幼儿比较一组幼儿和他们面前摆放的一排椅子数量是否一致，应用的数学技能是（　　）

A. 分类　　B. 排序　　C. 计数比较　　D. 对应比较

9. 关于学前儿童科学游戏规则的说法，错误的是（　　）

A. 规则应服从于科学教育要求和游戏展开的需要

B. 规则应有利于儿童的操作和智力活动

C. 规则应限制儿童的活动

D. 规则应简单，便于儿童执行

10. 根据幼儿学习数学的心理特点，幼儿数学学习的基本方法是（　　）

A. 观察法　　B. 操作法　　C. 讨论法　　D. 游戏法

2. 行为核对

五、简答题

1. 简述学前科学教育评价的指标体系。

2. 简述科学教育活动目标的评价。

3. 简述科学教育活动过程的评价。

六、简答题

1. 简述学前数学教育的意义。(易混)

2. 简述学前数学教育的任务。

3. 简述学前儿童数学学习的心理特点。

4. 简述学前数学教育的途径。(常考)

5. 简述数学教育活动内容选择的要求。

6. 简述小班数学教育的目标。

7. 简述学前数学教育的方法。(易错)

二、多项选择题

1. 渗透的数学教育活动主要包括（　　）

A. 日常生活中的数学教育渗透　　B. 主题及其他各科教育活动中的数学教育渗透

C. 游戏活动中的数学教育渗透　　D. 师生交往中的数学教育渗透

2. 学前数学教育目标制定的依据包括（　　）（常考）

A. 学科的特性　　B. 学习心理学的理论

C. 社会要求　　D. 儿童的发展

三、判断题

1. 有些小年龄儿童在完成数数的任务时往往要借助外显的动作，如用手一一点数，扳手指数等。（　　）

2. 数学教育目标应该重视儿童智力发展、思维的培养，可以忽略儿童良好个性等的整体发展。（　　）

3. 对于学前儿童来说，“去自我中心”，从自我中心到“社会化”，是其思维抽象性发展的重要标志之一。（　　）

四、填空题

1. 在幼儿数学学习中，________具有重要的作用，是幼儿学习数学的基本方法。（常考）

2. ________是在教学过程中，教师不把数学的初步知识和概念直接向儿童讲解，而是引导儿童依靠已有的数学知识和经验去发现和探索并获得初步数学知识的一种方法。

五、名词解释

1. 教师预定的数学活动

2. 儿童自主选择的数学活动

3. 讲解演示法

4. 寻找法

5. 渗透的数学教育活动（易错）

4. 一般来说，教师设计的问题应以半封闭问题为主，主要指问题的答案是固定、唯一的。 ( )

5. 实验操作型科学教育活动大致分为三类：演示探究类；引导探究类；验证探究类。 ( )

6. 观察认识型科学教育活动更多地运用于中大班儿童的活动中。 ( )

7. 应在小班经常开展长期系统性观察活动。 ( )

三、名词解释

1. 技术操作型科学教育活动

2. 观察认识型科学教育活动

3. 比较性观察(易错)

4. 长期系统性观察

5. 实验操作型科学教育活动

6. 科学讨论型科学教育活动(常考)

四、简答题

1. 简述实验操作型活动的组织指导。(易错)

2. 简述一般性观察的组织指导。

7. 简述维果斯基儿童概念发展的三个时期。

8. 简述布鲁纳发现学习的优点。(常考)

知识4 不同类型学前科学教育活动的设计与组织策略

一、单项选择题

1. 科学领域活动中交流讨论型活动较适合开展的年龄段是(　　)

A. 3～4岁　　B. 4～5岁　　C. 5～6岁　　D. 4～6岁

2. 学前科学教育活动设计的原则不包括(　　)

A. 发展性　　B. 趣味性　　C. 开放性　　D. 集体性

3. 各年龄阶段进行比较性观察的要求有所不同,5～6岁年龄段的要求是(　　)

A. 比较物体明显的不同点　　B. 比较物体的不同点

C. 比较物体的相同点　　D. 比较物体的不同点和相同点

4. 符合可操作性要求的科学活动目标是(　　)

A. 对科学活动感兴趣　　B. 培养儿童的创造性

C. 能用动作表现蚕吃桑叶的动作　　D. 发展儿童的思维能力

5. 让幼儿观察向日葵或玉米、蚕豆、牵牛花等的生长发展过程;蝌蚪变成青蛙的过程;对各个季节特征的观察等。这一活动适合组织幼儿进行(　　)科学教育活动。

A. 一般性观察　　B. 比较性观察

C. 长期系统性观察　　D. 短期系统性观察

6. (　　)是学前科学教育活动中一种较为普遍的活动类型。

A. 科学讨论型科学教育活动　　B. 技术操作型科学教育活动

C. 实验操作型科学教育活动　　D. 观察认识型科学教育活动

二、判断题

1. 一般性观察是科学教育活动中最基本和普遍采用的观察形式。　　(　　)

2. 科学讨论型活动一般采用集体讨论的形式进行。　　(　　)

3. 自然角的陈列物要体现各年龄班儿童的认知特点,并利用自然角开展观察和探索活动。　　(　　)

4. 儿童操作实验(常考)

5. 教师演示实验

6. 正式量具测量

五、简答题

1. 简述学前儿童科学教育活动内容选择的依据。

2. 简述选择学前科学教育内容的要求。(常考)

3. 简述学前科学教育的内容。

4. 简述学前儿童科学教育的实施形式。

10. (　　)是指从许多物体中将具有某一种(或几种)特征的物体挑选出来。(常考)

A. 多种特征分类　B. 多元分类　C. 二元分类　D. 挑选分类

11. 幼儿园科学教育活动设计中,为幼儿选择的科学教育内容必须是客观的、实在的、符合科学发展方向的。这体现的幼儿科学教育活动设计原则是(　　)

A. 趣味性　B. 科学性　C. 活动性　D. 发展性

12. 下列物品中可以作为学前儿童非正式测量工具的是(　　)

A. 直尺　B. 温度计　C. 绳子　D. 钟表

13. 自然角里的小乌龟死了,小朋友们问:"死了还会活过来吗?"为此,张老师组织幼儿讨论如何看待生命的问题。该做法体现了科学教育活动内容选择的(　　)

A. 季节性　B. 地方性　C. 生成性　D. 民族性

14. 根据科学游戏的作用,可以将科学游戏分为分类游戏和(　　)

A. 感知游戏　B. 数学游戏　C. 互动游戏　D. 口头游戏

二、判断题

1. 种植和饲养、散步和采集是幼儿进行科学探索的一般方法。(　　)
2. 广泛性和代表性是指学前科学教育的内容应具有鲜明的地方特色和季节特点。(　　)
3. 在学前科学教育中,常用的分类类型有挑选分类、二元分类、多元分类三种。(易错)(　　)
4. 使用木棍、手臂、步长等作为量具进行的测量都属于正式量具测量。(　　)

三、填空题

1. 幼儿科学包括________和________两大领域。
2. ________又称是否分类,是指从许多物体中选择出具备某一属性的事物,并排除其他事物,即将许多物体按某一标准分为是与不是两类。(常考)
3. 根据学前科学教育中实验的不同目的,可以将实验分为________和________。

四、名词解释

1. 科学游戏

2. 非正式量具测量

3. 集体科学教育活动

三、判断题

1. 科学教育的目标不仅在于促进儿童学习科学，其最终目的是通过科学学习，促进学前儿童科学知识的获得。（　　）
2. 有的人把科学经验与形成初级科学概念简单对立起来，或者只强调经验而忽视概念，或者只强调概念而忽视经验，这都是不对的。（　　）
3. 探索态度是科学活动中最活跃的、也是最不稳定的要素。（　　）
4. 探索结果是学前儿童学科学的物质前提。（　　）
5. 学前儿童科学教育活动包括集体性科学教育活动、区域性科学教育活动、整合性教育活动三类。（　　）
6. 帮助儿童获取有关季节、人类、动植物与环境等关系的感性经验，形成四季的初步概念属于中班儿童科学教育活动目标之一。（　　）

四、简答题

1. 简述大班儿童科学教育活动目标中方法技能方面的目标。

2. 简述2～3岁儿童科学教育活动的目标。（易混）

3. 简述小班儿童科学教育活动目标中的情感方面的目标。

4. 简述小班儿童科学教育活动目标中方法技能方面的目标。

15.“初级科学概念”的含义是指(　　)(易错)

A. 儿童对科学概念的理解处于初级的水平

B. 儿童对科学概念的定义还没有牢固掌握

C. 儿童对科学概念的理解建立在具体事物的基础上

D. 儿童还不会用文字来表述科学概念

16. 儿童建构科学概念的基础是(　　)

A. 初级科学概念　B. 抽象科学概念　C. 科学经验　D. 科学理论体系

17. 对于学前儿童来说,他们的科学知识有两个层次,即(　　)

A. 科学经验和初级科学概念　B. 感性的知识和理性的知识

C. 初级经验和高级经验　D. 具体的经验和抽象的经验

18. 下列科学活动中,属于偶发性科学教育活动的是(　　)

A. 观察大雾天气　B. 记录沉浮现象　C. 观察区角植物生长　D. 制作蝴蝶标本

19. 渗透的学前儿童科学教育活动包括(　　)

A. 日常生活中的科学教育、游戏活动中的科学教育、偶发性的科学教育

B. 集体性的科学教育、游戏活动中的科学教育、其他教育活动中的科学教育

C. 日常生活中的科学教育、偶发性的科学教育、其他教育活动中的科学教育

D. 日常生活中的科学教育、游戏活动中的科学教育、其他教育活动中的科学教育

二、多项选择题

1. 按教师指导程度的不同,专门的科学教育活动可分为(　　)

A. 预定性的科学教育活动　B. 选择性的科学教育活动

C. 偶发性的科学教育活动　D. 整合性的科学教育活动

2. 下列选项中属于大班幼儿科学教育活动目标中情感目标的是(　　)

A. 激发和培养儿童好奇、好问、好探索的态度

B. 激发儿童对自然环境和现代社会生活中的科技产品的广泛的兴趣,能自己发现问题、提出问题、寻求答案

C. 使儿童喜欢并能主动参与、集中于自己的科学探索活动和制作活动

D. 培养儿童关心、爱护动植物和周围环境的情感和行为

3. 学前儿童学习科学的要素包括(　　)

A. 探索态度　B. 探索对象　C. 探索过程　D. 探索结果

4. 对儿童来说,能够成为探索对象的事物,必须具备的条件是(　　)

A. 这个对象的外部特征或表现要能激发儿童的兴趣,引发其积极的探索态度

B. 这个对象在教育过程中能引导幼儿主动探究

C. 教育活动的结果要使幼儿获得广泛的科学经验

D. 这个对象本身要具有一定的可探索性,也就是能够让儿童通过探索获得一定的结果

七、论述题

1. 试述学前社会教育常选用的教育活动形式。

2. 试述学前社会教育活动设计的原则。

八、案例分析题

中班的小萌是个爱看书的小姑娘。区域活动时,她总出现在阅读区,哪怕阅读区已经满了,她也要硬挤进去。班里最近新增了几本图书,小萌为了抢先看新书,匆匆忙忙地吃完午餐,就去阅读区了。小萌一下把两三本新书抱在身上,其他小朋友很想看,她也不愿意给。

据此案例回答问题:

(1)结合《3~6岁儿童学习与发展指南》,分析材料中小萌在社会适应方面的行为表现。

(2)结合材料提出教师的指导策略。

3. 学前社会教育年龄阶段目标是社会教育所期望的最终结果，是学前阶段社会教育任务和要求的总和，是对儿童社会教育目标最为概括的陈述，是其他层次目标的依据和基础。（　　）

4. 情境测验法可以针对评价的需要、评价对象的实践情况、时间、地点、场地、材料等条件进行设计，可能会得到更多较为实用的真实信息。（　　）

四、填空题

1. ________是指教师事先拟定一系列儿童关心的问题，让全体儿童一起来表示自己意见的一种方法。

2. 在社会学习理论中，模仿作为儿童掌握社会行为的一种主要机制或途径，则是一个复杂的过程，它是由四个子过程组成被模仿事件，即________、保持过程、动作表征过程、________。

3. 自我控制是自己对自身言语和行动的控制和制约。自我控制表现为两个方面：发动作用、________。

4. 教师在介绍人际交往技巧时可以采用的两种方法是________和________。

五、名词解释

1. 学前社会教育（常考）

2. 强化评价法（易混）

3. 艺术感染法

六、简答题

1. 简述学前儿童社会环境和社会规范认知教育活动的基本要求。（易错）

2. 简述运用行为练习法时应注意的问题。

六、论述题

1. 教师运用观察、演示法时应注意哪些问题?(易错)

2. 教师运用谈话法时应注意哪些问题?

知识 5 学前社会教育活动的设计与组织策略及评价

一、单项选择题

1. (　　)是指在设计社会领域教育活动时要注重"实践",尽量鼓励学前儿童动手操作。(常考)

A. 活动性原则　　B. 针对性原则　　C. 全体性原则　　D. 整体性原则

2. (　　)主要是指评价学前社会教育活动的内容要全面,不能以点带面、以偏概全。

A. 过程性原则　　B. 针对性原则　　C. 全体性原则　　D. 全面性原则

二、填空题

1. ________能够弥补自然观察法的不足,比较快捷地了解学前社会教育活动中某些难以用行为表现出来的问题。

2. 学前儿童自我控制能力主要由________、________、________、________四个方面组成。

3. 自然观察法按照观察的取样标准,可以分为________、________、________三种类型。

三、名词解释

1. 自然观察法

2. 针对性原则

五、简答题

1. 简述教师运用环境熏陶法时应注意的问题。

2. 简述学前社会教育中讨论法的优点。

3. 简述学前社会教育中讲解法的优点。

4. 简述学前社会教育中谈话法的优点。

5. 晓晓认真收拾整理玩具，王老师向她微笑点头并竖起大拇指。后来王老师注意到晓晓每次收拾玩具更加认真了。

(1)简述王老师采用的教育方法。

(2)简述运用该方法的注意要点。

2. 简述学前儿童社会教育的途径。

3. 简述学前儿童人际交往教育活动的主要类型。

4. 简述学前儿童自我教育活动的内容。

知识4 学前社会教育的原则与方法

一、单项选择题

1. (　　)是价值澄清中最基本、最灵活的方法。

A. 价值表决法　　B. 价值排队法　　C. 展示自我法　　D. 澄清应答法

2. 某教师在组织幼儿盥洗时对孩子们说:"小朋友不要打闹,不要把衣服弄湿了。"这体现了学前儿童社会教育原则中的(　　)

A. 情感支持原则　　B. 正面教育原则　　C. 一贯性原则　　D. 环境熏陶原则

3. 对幼儿日常生活、游戏、活动、交往中存在的偶发事件、情境中教育机会的充分利用,以发挥其潜在的教育意义。这是学前社会教育的(　　)(易错)

A. 情感支持原则　　B. 生活教育原则

C. 行为实践性原则　　D. 一致性原则

4. 社会教育中最经常使用的方法是(　　)

A. 讲解法　　B. 谈话法　　C. 讨论法　　D. 演示法

5. (　　)是通过优美的自然环境、良好的社会环境和教育者有意识创设的教育情境,对幼儿进行社会化培养的一种教育方法。

A. 行为练习法　　B. 角色扮演法　　C. 共情训练法　　D. 环境熏陶法

6. 下列不属于学前社会教育特殊方法的是(　　)

A. 强化评价法　　B. 榜样示范法　　C. 角色扮演法　　D. 共情训练法

二、判断题

1. 幼儿园应加强师幼交往活动，培养学前儿童与教师交往的能力。与亲子交往活动有区别的是，师幼交往活动相对比较随意一些。（　　）
2. 由于学前儿童具体形象的思维特点，社会规范的认知更应该强调在社会环境中进行，并注重规范的直观性、情境性和易操作性。（　　）
3. 帮助幼儿知道中国的重大传统节日，初步了解祖国的文化，并为之感到自豪属于社会教育的内容。（　　）

三、填空题

1. 幼儿园专门的社会教育活动是学前儿童社会教育的重要途径，主要包括________和区域活动两种形式。（易错）
2. 儿童的自我教育活动包括________、________、________。
3. ________是从学习的经验基础角度提出的，________是从学习的条件与发展水平角度提出的。

四、名词解释

1. 人际交往教育活动

2. 家园合作

3. 生活性原则

4. 适宜性原则

五、简答题

1. 简述学前儿童人际交往活动的内容。（易错）

5. 幼儿在升国旗活动中,唱国歌,行注目礼,萌发了爱国情感。这体现社会性教育的特点是(　　)

A. 潜移默化　　B. 模仿学习　　C. 直接说教　　D. 游戏学习

6. “引导幼儿初步了解自己身体主要部位的特征和功能,初步懂得自我保护”是(　　)的社会教育目标。

A. 托儿所　　B. 幼儿园小班　　C. 幼儿园中班　　D. 幼儿园大班

7. 下列不属于学前社会教育目标制定依据的是(　　)

A. 学前儿童的社会性发展水平　　B. 社会经济政治制度

C. 一定社会的培养目标　　D. 学前社会教育学科的发展

8. 下列不属于亲社会行为发展内容的是(　　)

A. 助人与分享　　B. 合作　　C. 赞许　　D. 安慰与同情

9. 下列不属于学前社会教育主要内容的是(　　)(易错)

A. 增进社会认知　　B. 激发社会情感

C. 引导社会行为技能　　D. 发展社会态度

二、判断题

1. 学前社会教育对公民的培养,既要注重优秀传统文化的继承,也要引导孩子为参与现代全球化生活做准备。(　　)

2. 学前社会教育能促进学前儿童的完整发展。(　　)

3. 儿童的助人行为是随着年龄的增长而增长的。(　　)

4. 引导儿童初步感受民间艺术及我国的传统文化精品属于大班社会教育目标。(　　)

三、简答题

1. 简述学前社会教育的意义。(常考)

2. 简述学前儿童社会环境与社会规范认知的培养目标。

3. 简述学前儿童自我意识的培养目标。(易混)

专题四　学前社会教育

命题分析

本专题主要以单项选择题、判断题、简答题等形式进行考查。本专题对考生的识记和理解能力要求较高,约占试卷总分值的10%。本专题需要重点掌握的知识包括:

1. 了解学前社会教育的内涵及学前社会教育目标制定的依据,掌握学前社会教育目标的结构,识记学前社会教育的意义及影响学前儿童社会性发展的因素。

2. 了解学前儿童社会性发展的主要理论以及学前儿童社会性发展的基本特点,重点掌握儿童道德发展的理论和依恋有关的理论。

3. 了解学前儿童社会教育的途径,掌握学前社会教育活动的主要类型和学前儿童社会教育内容选择的依据。

4. 掌握学前社会教育的原则以及学前社会教育的一般方法和特殊方法。

5. 掌握学前社会教育活动评价的原则。

基础过关

知识1 学前社会教育概述及目标

一、单项选择题

1. 下列关于幼儿园社会教育的论述,不正确的是(　　)
   A. 幼儿园社会教育就是品德教育在幼儿园中的体现
   B. 幼儿园社会教育是幼儿社会性发展的需要
   C. 幼儿园社会教育应该从幼儿的生活经验出发
   D. 幼儿园社会教育要渗透到幼儿日常生活和活动中进行

2. (　　)的制定,是学前社会教育的起点和归宿,也是整个社会教育课程设计的首要环节。(常考)
   A. 教育目的　　B. 教育目标　　C. 教育计划　　D. 教育过程

3. “使儿童初步了解和掌握基本的卫生要求,养成初步的卫生习惯”是(　　)的社会教育目标。
   A. 托儿所　　B. 幼儿园小班
   C. 幼儿园中班　　D. 幼儿园大班

4. “引导儿童主动、准确地使用礼貌用语,能以恰当的方式与他人交往,和同伴友好相处”是(　　)的社会教育目标。
   A. 托儿所　　B. 幼儿园小班　　C. 幼儿园中班　　D. 幼儿园大班

2. 听说游戏

五、简答题

1. 简述小班儿童谈话活动的目标。

2. 简述谈话活动设计和实施的步骤。

3. 简述学前儿童文学活动涉及的语言教育内容。

4. 简述学前语言教育活动的特点。

5. 简述学前语言教育目标制定的依据。

6. 简述3～6岁儿童词汇发展的特点。

18. 幼儿园的早期阅读活动应当(　　)

A. 提供具有表意性质的材料帮助幼儿获得读写能力

B. 有目的、有计划地培养幼儿对书面语言的兴趣和敏感性

C. 创设丰富的阅读环境帮助幼儿识字和书写

D. 有目的、有计划地教幼儿认读一定数量的字

19. 小明在阅读时,每次都能够把书中角色的动作、表情与背景之间的关系串连起来,对照前后画面的变化,找出二者的共同点、不同点和衔接点,并在理解的基础上对图书的主要内容形成一个总的印象,最后以口语表达的形式表现出来。上述案例说明小明具备了良好的(　　)

A. 观察理解技能　　B. 概括技能　　C. 预期技能　　D. 质疑、假设技能

20. 幼儿阅读的主要材料是(　　)

A. 动画片　　B. 图画书　　C. 图片　　D. 玩具

二、判断题

1. 教育评价的目的是改进教与学,所以对教育目标的达成只要考虑量的显示就行了。(　　)

2. 学习语言既包括学会听,也包括学会说和读、写,儿童语言是从学习听话和说话,特别是从学习听话开始的。(易错)(　　)

3. 幼儿园双语教育重点在于有计划、有目的地创设合适的两种语言环境,这些环境有时是正式的,有时是非正式的。(　　)

4. 在谈话活动中,教师要做示范,给幼儿以提示,及时纠正幼儿说话时用词造句的错误。(　　)

5. 影响幼儿学习语言的内部因素是指幼儿本身的发展水平或状态。(　　)

6. 单词句是指用一个词代表的句子,所用的词不是单独和某种对象相联系,而是和某种情境相联系。此阶段一般出现在1~1.5岁。(常考)(　　)

7. 儿童发韵母比发声母困难。(　　)

三、填空题

1. ________是形成与发展读写能力的前提和基础,没有这个前提也就谈不上形成书面语言能力。(易错)

2. ________是口头语言的物质载体,是发音器官发出的表达一定语言意义的声音。

3. 根据儿童语言经验及语言水平的实际状况,一般对小班儿童或语言发展较差的儿童,或难度较大的语言教育活动,教师较多地运用________。

4. 用于帮助幼儿巩固、消化所学内容的早期阅读活动环节是________。

四、名词解释

1. 学前语言教育(常考)

2. 阅读大班语言活动的诗歌《春天》，分析其教学的重难点，并阐述用什么方法来突出重点与突破难点。

附：诗歌

《春天》

春天是一本彩色的书——黄的迎春花，红的桃花，绿的柳叶，白的梨花……
春天是一本会笑的书——小池塘笑了，酒窝圆又大，小朋友笑了，咧开小嘴巴……
春天是一本会唱的书——春雷轰隆隆，春雨滴滴答，燕子唧唧唧，青蛙呱呱呱……

3. 杰杰小朋友总喜欢到“聊天吧”和好朋友一起聊天，每次杰杰都大方地向好朋友介绍自己收集的“宝贝”，如小贝壳、小贴纸、小玩偶等，分享新买的玩具，交流喜欢的动画片和图书情节，以及和爸爸妈妈一同外出旅行的趣事等。当好朋友提出问题时，杰杰能认真倾听，非常乐意与他们一起讨论，耐心解答。杰杰生动、有趣的讲述，吸引了越来越多的小朋友，“聊天吧”可真热闹啊！

(1)请结合《指南》中语言领域目标，分析案例中杰杰语言发展的典型表现。

(2)请提出进一步提高杰杰语言表达能力的策略。

2. 试述幼儿园阅读活动的指导。(易错)

七、案例分析题

1. 教师节的早上,王老师设计了“教师节”的主题谈话活动。在活动开始时,王老师便问:“今天是什么日子啊?”很多小朋友都没有回答上来,王老师有些生气地说:“今天不是教师节嘛,是老师们的节日啊！怎么连这个都不知道啊！那教师节,我们应该怎么样呢?”小朋友们回答道“祝王老师节日快乐”“王老师,让您妈妈带您去买好吃的”“王老师,我们要听话”“老师,你要有节日礼物”……

   请分析王老师在此次谈话活动中的不足之处以及该如何恰当地进行谈话活动。

四、名词解释

1. 说明性讲述

2. 叙事性讲述

3. 描述性讲述

4. 续编

5. 仿编活动

6. 转换编构

五、简答题

1. 简述儿童文学作品自身的价值。

2. 简述早期阅读教育的利用。

3. 简述学前儿童文学作品内容选择的要求。

30. 下列不属于学前语言教育评价作用的是(　　)

A. 反馈作用　　B. 诊断作用　　C. 增效作用　　D. 总结作用

31. 以图片为凭借物开展语言教学活动的类型是(　　)

A. 故事讲述　　B. 情景讲述　　C. 看图讲述　　D. 实物讲述

32. 下列不属于学前儿童早期阅读活动内容的是(　　)

A. 前图书经验　　B. 前语法经验　　C. 前识字经验　　D. 前书写经验

33. 在教授歌曲《小红帽》时，教师根据歌词大意和歌曲的情节内容，把它改编成一个故事，让幼儿通过故事来熟悉歌词和歌曲内容。这位教师运用了把歌唱活动与(　　)相结合的教学方式。

A. 学前儿童语言活动　　B. 学前儿童科学活动

C. 学前儿童美术活动　　D. 学前儿童体育活动

二、多项选择题

1. 下列选项中属于幼儿园的早期阅读活动向儿童提供的前识字经验的是(　　)

A. 知道文字有具体的意义，可以念出声来，可以把文字和口语对应起来

B. 知道文字是一种符号，它与其他符号系统可以转换

C. 知道文字和语言的多样化

D. 粗晓文字的来源

2. 学前语言教育活动的指导主要包括(　　)

A. 直接指导　　B. 间接指导

C. 环境条件的利用　　D. 隐性指导

3. 幼儿文学创造活动中的创编可分为哪几种类型(　　)

A. 扩编与续编　　B. 仿编　　C. 转换编构　　D. 独立完整编构

4. 学前儿童文学作品学习活动主要包括(　　)(易错)

A. 文学欣赏　　B. 文学创造　　C. 文学写作　　D. 文学表现

三、判断题

1. 谈话活动中教师要随时纠正幼儿用词的错误。(　　)

2. 幼儿园早期阅读活动着重从情感态度、认识和能力三个方面培养儿童学习书面语言的行为。(　　)

3. 在儿童故事编构教学中，中班应以创编为主。(　　)

4. 幼儿对文字的敏感性，是他们通向阅读之路的最重要的一步。(　　)

5. 小班看图讲述要求图片主题明确，线索单一，角色不宜太多。画面大，画面中角色的动作、神态、表情明显，背景简单，色彩鲜艳，主要突出角色特征。图片可选用多幅图，但不宜超过4幅，前后图片之间有一定联系。(　　)

6. 教师在组织语言教育活动时，必须坚持教师示范与学前儿童练习相结合的原则。(常考)(　　)

2. 简述幼儿教师运用示范法时要注意的问题。(常考)

3. 简述语言教学活动和其他教育活动有不同的特点。

知识4 学前语言教育活动的设计、组织策略和评价

一、单项选择题

1. 开展幼儿讲述故事活动首先要考虑的是(　　)

A. 内容选择　　B. 方法运用　　C. 材料准备　　D. 情境创设

2. 教师在选择故事时,要考虑幼儿是否能够接受,是否适合幼儿当前的发展,这说明选择的故事要(　　)

A. 与教学主题相联系　　B. 符合幼儿的年龄特点

C. 体现中国的传统文化　　D. 与时俱进,具有时代性

3. 创造性语言运用环境是指幼儿(　　)的环境。

A. 想说、敢说　　B. 有机会说　　C. 按要求说　　D. 随便说

4. 在文学作品学习中,通过作品表演、观察、谈话等方式,帮助幼儿分析作品,该步骤属于的层次是(　　)(易混)

A. 第一层次:学习文学作品　　B. 第二层次:理解体验作品

C. 第三层次:迁移作品经验　　D. 第四层次:创造性想象和语言表述

5. 文学作品作为艺术品,首要的是(　　)

A. 审美价值

B. 多功能的其他认识价值

C. 娱乐价值

D. 促进想象力、创造力、情感体验等审美心理发展的价值

6. 讲述活动为幼儿提供的语境(　　)(易错)

A. 相对随意　　B. 相对宽松　　C. 相对愉快　　D. 相对正式

二、判断题

1. 在儿童交谈中，常听到某一幼儿说了“鸡肉是肉”，另一幼儿马上说“牛肉也是肉”。这种情况是幼儿的创造性模仿。（易混） （　　）

2. 日常生活中的语言教育是发展儿童语言的重要途径。 （　　）（　　）

3. 日常生活中语言教育的常见活动形式：听一听、玩一玩、说一说和读一读。 （　　）

三、填空题

1. ________是幼儿的主导活动，也是其愉快而自主的实践活动。

2. ________是教师通过自身的规范化语言，作为儿童语言学习的榜样，让儿童始终在良好的语言环境中自然地模仿学习。（常考）

3. 日常生活中的谈话主要包括________和日常集体交谈两种形式。

四、名词解释

1. 日常生活中的语言教育

2. 语言教学活动

3. 视听结合法

4. 表演法

5. 示范法

五、简答题

1. 简述学前语言教育的途径。

知识2 学前儿童语言能力的发展与教育

一、单项选择题

1. 一岁半的儿童想给妈妈吃饼干时，会说“妈妈，饼，吃”，并把饼干递过去。这表明该阶段儿童语言发展的一个特点是(　　)

A. 电报句　　B. 完整句　　C. 单词句　　D. 简单句

2. 下列前语言发音过程阶段对应的年龄段不正确的是(　　)

A. 单音发声阶段(0～4个月)　　B. 音节发声阶段(4～10个月)

C. 前词语发声阶段(10～12个月)　　D. 特殊的“小儿语”发音阶段(1～1.5岁)

3. 儿童的前言语阶段，是一个在语言获得过程中(　　)的核心期。(易错)

A. 语法　　B. 语义　　C. 语音　　D. 词汇

4. 儿童的认知结构来源于主体和客体之间的相互作用，主体作用于客体的活动和动作是一切知识的源泉。此观点属于(　　)

A. 先天决定论的语言学习模式　　B. 认知相互作用论的语言学习模式

C. 后天环境决定论的语言学习模式　　D. 社会交往说的语言学习模式

5. 认为儿童语言主要是在社会交往中学习和发展的代表人物是(　　)

A. 斯金纳　　B. 班杜拉　　C. 乔姆斯基　　D. 布鲁纳

6. 下列有关学前儿童语言的获得理论及其代表人物对应正确的是(　　)

A. 先天能力说——乔姆斯基　　B. 后天环境决定论——勒纳伯格

C. 认知相互作用论——布鲁纳　　D. 社会交往说——皮亚杰

7. 儿童常常用“球球”表示“这是一个球”“我要球球”等，这说明他们的语法发展阶段处于(　　)

A. 电报句阶段　　B. 单词句阶段　　C. 复合句阶段　　D. 完整句阶段

8. 下列属于语音教育基本内容的是(　　)

①培养学前儿童辨析性的听音能力　　②教会学前儿童正确发音

③培养学前儿童的言语表情　　④培养学前儿童言语交往的文明修养

A. ①②③　　B. ①③④　　C. ②③④　　D. ①②③④

9. (　　)是儿童语言真正形成的时期，也是儿童语言发展最为迅速的阶段，此时期会出现“词语爆炸现象”。

A. 1.5～2岁　　B. 2～3岁　　C. 3～6岁　　D. 0～6岁

10. (　　)是以练习幼儿正确发音、提高幼儿辨音能力为目的的一种活动。

A. 词汇练习游戏　　B. 句子练习游戏

C. 语法练习游戏　　D. 语音练习游戏

11. 儿童在4～10个月内发展起来的前言语感知能力是(　　)(易混)

A. 辨义水平　　B. 单音发声　　C. 产生交际倾向　　D. 辨调水平

10. 简述随机渗透在日常生活环节中的语言学习的形式。

11. 简述大班幼儿谈话活动的目标。(易混)

12. 简述大班幼儿讲述活动的目标。

13. 简述大班幼儿听说游戏的目标。

14. 简述大班幼儿早期阅读活动的目标。(易错)

15. 简述渗透的语言教育内容的范围。

二、多项选择题

1. 专门的语言教育活动形式有(　　)

A. 谈话活动　　B. 讲述活动

C. 听说游戏　　D. 文学作品学习活动和早期阅读活动

2. 下列选项中属于语言教育必须坚持的基本原则的是(　　)

A. 面向全体儿童　　B. 发挥儿童学习语言的主体性

C. 加强语言教育与其他领域教育的联系　　D. 重视幼儿身心发展特点

3. 下列属于学前阶段儿童倾听技能培养的是(　　)(常考)

A. 有意识倾听　　B. 辨析性倾听　　C. 理解性倾听　　D. 无意识倾听

4. 下列属于小班幼儿讲述活动的目标是(　　)

A. 能够运用各种感官,按照要求去感知讲述内容

B. 理解内容简单、特征鲜明的实物、图片和情境

C. 养成先仔细观察,后表达的习惯

D. 能正确地讲述内容的主要特征或主要事件

三、判断题

1. 年龄阶段目标是一次活动中要完成的任务,但也有可能是一组相近的活动或一个主题系列活动的目标,它们使具体的教育内容紧密地联系在一起。(常考)　(　　)

2. 在教师的引导下,学习围绕主题谈话,能用短句表达自己的意思,是中班幼儿谈话活动的目标。　(　　)

3. 倾听是儿童语言学习不可缺少的一种行为能力,在幼儿阶段,培养儿童倾听行为是十分重要的。　(　　)

4. 要想在语言教育中充分发挥儿童的自主性,最根本的是建立一种平等而民主的同伴关系。　(　　)

5. 渗透的语言教育内容的核心,是促进儿童与教师、同伴之间的有效言语交流。　(　　)

6. 对图书和文字产生兴趣,喜欢认读常见的简单的独体汉字属于早期阅读部分的认知目标。　(　　)

7. 谈话活动着重培养儿童的欣赏文学作品能力以及利用文学语言表达想象、表达生活经验的能力。　(　　)

四、填空题

1. ________是从某一具体文学作品入手,为儿童提供一个全面学习语言的机会,使他们在理解感受作品的过程中,欣赏和学习运用文学作品提供的有质量的语言。

2. ________利用图书、绘画,为儿童创设一个书面语言环境,使儿童有机会接触书面语言,了解语言的基本文化内涵。(易错)

3. ________主要为儿童创设正式的口语表达情景,使儿童有机会在集体面前表达自己对某一图片、实物或情景的认识、看法等,学习表述的方法和技能。

7. 下列属于渗透的语言教育发生的情景是(　　)(常考)

A. 听说游戏中的语言交往　　B. 自由游戏中的语言交往

C. 课堂中的语言交往　　D. 谈话活动中的语言交往

8. 讲述活动所涉及的语言教育内容不包括(　　)

A. 培养儿童认真倾听的习惯和完整、连贯、清楚的表述能力,促进其独白语言的发展,内容涉及用简单明了的语言,把某一实物的特征、功用解说清楚

B. 用比较恰当的语言讲述图片或影片中的主要人物、事件

C. 能学会倾听别人讲话,并拥有独立构思的能力

D. 用生动形象的语言,讲述处在某一情境之中的人物的形态、动作

9. 在中班《小熊请客》语言教育活动中,其中的一条目标是“理解故事内容和情节”,这是儿童语言教育中的(　　)

A. 态度目标　　B. 情感目标

C. 能力与技能目标　　D. 认知目标

10. 学习安静地听他人讲话,听懂日常用语并学习按语言调节自身行为是对(　　)年龄段的要求。(易混)

A. 小小班　　B. 小班　　C. 中班　　D. 大班

11. 学前儿童语言教育的目标可划分为倾听、表述、(　　)和早期阅读四个方面。

A. 社会性　　B. 游戏　　C. 谈话　　D. 欣赏文学作品

12. 下列不属于学前儿童早期阅读教育目标的是(　　)(易错)

A. 形成良好的阅读态度和习惯

B. 掌握正确的阅读方法和技能

C. 初步建立口头语言与书面语言的对应关系

D. 能对文学作品作初步评论

13. 宋老师将小班的语言教育活动融入幼儿的日常生活中,选择以“我的家”“过生日”等为主题的活动,而对大班幼儿则开展了“环保标志”“玩具展览”等涉及信息社会、信息科技类的语言活动。这表明宋老师在安排语言教育教学内容时考虑到(　　)

A. 按照语言教育目标有序地安排教学内容

B. 按照幼儿的年龄特征循序渐进地安排教学内容

C. 幼儿原有生活经验的内在联系

D. 以教师的个人喜好安排教学内容

14. 幼儿通过对话、动作、表情进行表演,体验作品和人物情感变化属于(　　)

A. 谈话活动　　B. 文学作品表演

C. 辩论活动　　D. 讲述活动

四、填空题

1. 学前儿童身体机能适应过程的阶段包括工作阶段、________、超量恢复阶段、复原阶段。

2. 跳跃动作包括预备、起跳、________、落地四个阶段。

3. 每日户外体育活动不得少于1小时，这体现了学前儿童体育活动的________原则。

4. ________是指用口令、哨音、音乐、鼓声、拍手等声响来帮助和指导学前儿童进行身体锻炼的方法。

五、名词解释

1. 实践操作法

2. 讨论评议法（饮食营养教育的方法）

3. 学前儿童心理健康（常考）

4. 口头指示

六、简答题

1. 简述学前儿童体育节的意义。

2. 简述教师在学前儿童体育活动中运用讲解法时需注意的方面。

3. 简述锻炼学前儿童平衡能力的教学建议。（易错）

综合提升

一、单项选择题

1. 能较熟练地听信号集合、分散、排成4路纵队(包括切断分队);能随音乐节奏准确地做徒手操和轻器械操。这属于(　　)幼儿的体育活动目标。

A. 小班　　B. 中班　　C. 大班　　D. 学前班

2. 能快跑20米左右,走跑交替(或慢跑)200米左右。这属于(　　)幼儿体育活动的目标。

A. 小班　　B. 中班　　C. 大班　　D. 学前班

3. 日常生活中愿意与人交往,知道轮流玩,初步体验与老师、小朋友相处、共同游戏的乐趣。这属于(　　)幼儿的健康教育活动目标。

A. 小班　　B. 中班　　C. 大班　　D. 学前班

4. 能文明、大方地与人交往,以积极恰当的方式参与或发起活动;尊重别人的意愿,比较自觉地控制自己的情绪和行为;学习解决活动中同伴间的纠纷,并学会评价自己与他人;愿意学习同伴的优点,与同伴建立起友好的关系。这属于(　　)儿童的健康教育目标。

A. 小班　　B. 中班　　C. 大班　　D. 学前班

5. 体育活动中,影响儿童生理负荷的因素主要是(　　)

A. 运动的强度和老师的态度等　　B. 运动的密度和动作难度等

C. 运动强度和密度等　　D. 老师的态度和动作难度等

二、多项选择题

1. 在健康教育的实施过程中,当儿童的发展处于一种协调状态时,即达到了健康教育(　　)三个维度结合的境界。

A. 生理　　B. 心理　　C. 社会　　D. 自身

2. 学前儿童体育活动常用的基本方法包括(　　)(易错)

A. 示范法　　B. 讲解法

C. 练习法　　D. 游戏法

三、判断题

1. 体育课的主要任务是:全面锻炼身体,增强学前儿童体质;传授简单的体育知识和技能;发展学前儿童智力;培养优良品质、锻炼意志、发展个性。(　　)

2. 正确的跳跃姿势是两脚并齐,呈半蹲状,小屁股微翘,攥紧小拳头,然后开始起跳。(　　)

3. 在具体设计和组织户外体育活动时,教师只能采用封闭式循环,不能采用其他形式。(　　)

4. 3~6岁是学前儿童的性别意识发生、发展的关键期。(　　)

5. 大班幼儿横队走不齐,纵队能走齐。(　　)

2. 在某园的一堂主题为“跳跃”的体育公开课上，小(2)班的王老师为了把课上好，想了不少办法。整堂课从开始到结束始终在紧张、活泼的游戏氛围中进行，既有集体的游戏，如青蛙妈妈(由教师扮演)带领小青蛙(由幼儿扮演)一起练习本领(随着音乐做蛙跳动作)，也有分散游戏，如组织幼儿玩民间游戏《隔房子》(在地上划上方格，幼儿在其中蹦跳)等。课后，观摩的老师们发现，绝大多数孩子都满头大汗，许多孩子嘴里直叫：“哎呀，真好玩，可就是累死我了。”

请指出这节公开课的不足之处，并说明理由。

知识3 学前儿童身体保健教育、心理健康教育和学前健康教育活动的评价

一、单项选择题

1. 下列选项中不属于学前儿童身体保健教育的组织形式的是(　　)

A. 教育活动　　B. 家园合作　　C. 游戏活动　　D. 生活活动

2. (　　)是指饮食营养教育活动应适合学前儿童的身心发展特点。

A. 可行性原则　　B. 需要性原则　　C. 一致性原则　　D. 直接性原则

3. 下列属于学前儿童心理健康标志的内容的是(　　)

A. 性格特征良好　　B. 体育锻炼充足

C. 安全自护意识强烈　　D. 性别角色认识及时

4. 在学前儿童身体保护和生活自理能力教育中，既不能顾此失彼，又要注意不要因为活动的繁多而使习惯的培养被忽略。这体现了学前儿童身体保护和生活自理教育活动的(　　)原则。

A. 全面性　　B. 主体性　　C. 安全性　　D. 活动性

5. 幼儿身心保健教育活动过程的组织中，(　　)是幼儿自主学习，建构知识的重要环节。

A. 开始环节　　B. 呈现环节

C. 操作环节　　D. 巩固环节

6. 学前健康教育活动评价的外貌模式是由(　　)提出的。

A. 斯塔克　　B. 泰勒　　C. 斯克里文　　D. 普罗沃斯

10. 简述体育课的实施与指导。

11. 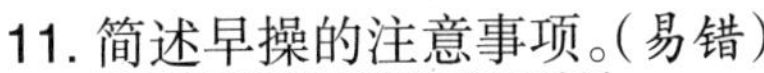简述早操的注意事项。(易错)

12. 简述户外体育活动的注意事项。

七、案例分析题

1. 小张是一名大班的女孩，体型肥胖，平时不喜欢运动，对体育活动不感兴趣。作为体育教师对该幼儿应该采用什么方法进行教学？

五、名词解释

1. 徒手操

2. 示范法

3. 讲解

4. 游戏法

5. 练习法

6. 模仿操(常考)

7. 具体帮助法

8. 学前儿童体育活动目标

9. 轻器械体操

10. 变化练习法(易混)

11. 分解练习法

2. 学前儿童操可分为(　　)(常考)

A. 模仿操　　B. 徒手体操　　C. 轻器械体操　　D. 重器械体操

3. 下列选项中属于早操的内容的是(　　)

A. 走步、跑等排队和变换队形的练习　　B. 一定时间和距离的跑、走交替健身活动

C. 模仿操、徒手体操和轻器械操等练习　　D. 简单的舞蹈律动动作练习

4. 学前儿童体育活动的基本特点是(　　)

A. 身体养护为基本前提　　B. 肢体运动为主要内容

C. 体育游戏为主要形式　　D. 户外环境为主要场地

5. 下列选项中属于大班体育活动的年龄阶段目标的是(　　)

A. 热爱体育活动,有积极参加各种身体锻炼的习惯

B. 能熟练地听各种口令和信号并做出相应的动作

C. 能闭目向前走至少10米

D. 能独立或合作收拾各种小型体育器材

三、判断题

1. 走是学前儿童从爬到直立后在发展上最重要的一次飞跃,是人体移动位置最自然、最省力的活动,是锻炼身体的手段之一,是幼儿园一项重要的体育活动内容。(　　)

2. 体育游戏的趣味性,是体育游戏具有生命力的重要因素。(　　)

3. 在运动过程中,人体生理机能活动变化的状况通常分为上升阶段、保持阶段、下降阶段。(　　)

4. 在投掷活动中要常变换投掷物,增加幼儿的兴趣。(　　)

5. 能步行1千米左右,连续跑约半分钟属于中班体育活动的目标。(　　)

6. 幼儿园体育应以增强幼儿体质为核心。(　　)

四、填空题

1. ________是指在任何变化的条件(情况)下,身体保持相对稳定的能力。(常考)

2. ________是人体移动位置最自然、最快的方式,是锻炼身体的有效手段,是幼儿园开展最广泛的体育活动内容之一。

3. 学前儿童体操包括________和排队、变换队形两部分。

4. 基本动作是学前儿童体育活动的重要内容之一,包括走、跑、跳、________、攀登和________等。

5. 幼儿园常用的练习法主要有重复练习法、________、条件练习法、完整练习法和分解练习法。

6. ________是指教师边示范讲解、边组织学前儿童按教师要求进行练习的方法。(易混)

7. ________是将学前儿童体操、学前儿童体育游戏、亲子体育游戏等内容作为体育节的表演和比赛内容。

8. ________是将全园室内外场地布置成多种多样的体育活动区域,体育节开始,各班集合,举行简短的仪式后,每个学前儿童可自由地到各个区域参加体育活动。

7. 简述学前健康教育的方法。

8. 简述实施学前健康教育应遵循的原则。(易错)

知识2 学前儿童身体锻炼与体育活动

一、单项选择题

1. 下列选项中不属于学前儿童体育活动主要特点的是(　　)

A. 学前儿童的体育活动强度较小、密度较大

B. 学前儿童的体育活动时间较短、急缓结合、动静交替

C. 应注意对学前儿童的体育活动随时做达标测试

D. 学前儿童体育活动的组织方式、方法灵活多样,约束性小,可以根据儿童的实际情况随机变动

2. 在幼儿跳跨栏活动中,要提供几种不同高度的跨栏,让幼儿自由选择;对肥胖的幼儿以及体弱幼儿,教师应和保健医生配合制定运动方案。这体现了幼儿园户外活动原则中的(　　)

A. 经常性原则　　B. 动静交替原则

C. 全面锻炼原则　　D. 个别对待原则

3. 在体育活动中,教师不仅要观察幼儿动作发展的情况,还要善于进行设计和指导,让每位幼儿每天都有机会进行使用大肌肉和小肌肉的活动。下列活动中,属于发展幼儿小肌肉动作的活动是(　　)

A. 用手指拾起豆子　　B. 走高度、宽度适宜的平衡木

C. 投掷"沙包"练习　　D. 模仿动物走

4. 下列不完全属于学前儿童体育活动中基本动作的是(　　)(常考)

A. 跑、跳、钻　　B. 投掷、拉伸、攀登

C. 钻、爬、跑　　D. 跳、跑、爬

5. 幼儿园中班幼儿体操一般(　　)

A. 以模仿操为主　　B. 以徒手操为主

C. 以轻器械操为主　　D. 以竹竿操为主

6. "游戏的动作、内容、情节复杂,角色增多"属于(　　)幼儿的体育游戏特点。

A. 小小班　　B. 小班　　C. 中班　　D. 大班

五、简答题

1. 简述《幼儿园教育指导纲要(试行)》中健康教育的总目标。

2. 简述学前儿童心理健康教育的内容。(易错)

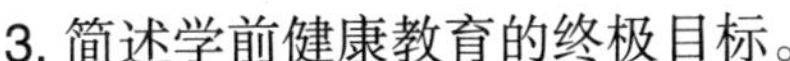

3. 简述学前健康教育的终极目标。

4. 简述学前健康教育的意义。

5. 学前儿童身体健康教育包含哪些内容?

6. 简述选择学前健康教育内容时应注意的问题。

2. 在一次大班集体教学中,教师出示了一张画着一只老虎在追几只兔子的图画,请小朋友想办法帮助兔子。当一个小朋友说“赶紧给猎人打电话,让猎人来打虎”时,一个男孩马上站起来反对:“不行!老虎是一级保护动物,不能打!兔子还不是一级保护动物呢,连二级也不是!”“对!应该让老虎吃一只兔子,不然,老虎会饿死的!”另一个男孩大声附和。这一下班里就像炸开了锅,孩子们的情绪一下子高涨了起来,围绕“该不该让老虎吃兔子”的话题热烈地辩论起来。这时,老师大声说:“好了!好了!都别争了!咱们刚才的任务是什么来着?想办法帮助兔子!我看谁想的办法好!”活动又回到了老师预设的轨道上……

请分析上述案例中教师的课程实施取向,并谈谈您对该幼儿园课程实施取向的认识。

七、论述题

试述幼儿园课程评价的价值取向。

八、案例分析题

1. 入园时,大(1)班王老师发现有的小朋友穿着雨衣,于是就抓住了这个机会向小朋友提问:你们知道为什么雨衣不透水吗？它是什么材料制成的？生活中还有哪些材料也是不透水的？……这些问题引发了幼儿的探究兴趣和求知欲,于是一个新的活动——雨衣的秘密产生了。

(1)本案例体现了幼儿园课程内容选择的什么原则?

(2)幼儿园课程内容选择应遵循哪些原则?

综合提升

一、单项选择题

1. 下列对幼儿园课程的理解正确的一项是(　　)

A. 幼儿园课程是“幼儿教材”　　B. 幼儿园课程是“教师的教和学生的学”

C. 幼儿园课程是“各种活动的总和”　　D. 幼儿园课程是“上课”

2. 不规定儿童在完成学习活动后应该获得的行为,而是指向每一个儿童在教育情境的种种“际遇”中所产生的个性化表现。这是(　　)

A. 行为目标　　B. 生成性目标　　C. 表现性目标　　D. 预设性目标

3. 幼儿园课程不仅体现在有目的、有计划的教育活动中,而且更重要的是体现在环境、生活、游戏及教师不经意的行为中。这体现了幼儿园课程的(　　)

A. 活动性　　B. 全面性　　C. 生活性　　D. 潜在性

4. 我国古代的“六艺”、欧洲中世纪的“七艺”和工业革命以后出现的物理、化学等课程属于(　　)

A. 分科课程　　B. 活动课程　　C. 综合课程　　D. 融合课程

5. 针对新冠肺炎疫情,中班教师开展了预防疫情的活动,这属于(　　)

A. 核心课程　　B. 综合课程　　C. 活动课程　　D. 分科课程

6. 下列表述属于行为目标的是(　　)(易错)

A. 体验分享食物的快乐,萌发初步的分享意识

B. 会使用订书机装订自制图书

C. 积极参与仿编活动,体验仿编活动的成功感

D. 喜欢参加制作指环的手工活动

7. 根据评价的参照体系,将全班幼儿入园初期的口语表达水平与学期末口语表达水平进行比较,判断幼儿的进步程度和教学效果。这属于(　　)

A. 个体内差异评价　　B. 绝对评价

C. 相对评价　　D. 外部评价

8. 将课程内容作为预设的东西,规定了教师应该教什么、儿童应该学什么,这是课程内容的什么取向(　　)

A. 课程内容即教材　　B. 课程内容即学习活动

C. 课程内容即学习经验　　D. 课程内容即社会要求

9. 幼儿园课程组织形式中根据知识本身的系统及内在联系来组织课程内容的一种方法称为(　　)(易混)

A. 心理顺序法　　B. 逻辑组织法　　C. 直线组织法　　D. 纵向组织法

七、论述题

1. 试述陈鹤琴学前课程编制的原则。(易错)

2. 试述海伊斯科普课程的发展阶段。

3. 试述斑克街早期教育方案中教师的作用。(常考)

2. 在蒙台梭利课程模式中，教育内容由(　　)组成。(易错)

A. 日常生活练习　　B. 感官训练

C. 肌肉训练　　D. 初步知识的学习

3. 陈鹤琴指出，教育的三大要素为(　　)

A. 儿童　　B. 活动　　C. 教师　　D. 教材

4. 陈鹤琴先生的五指活动课程目标包括(　　)

A. 做人　　B. 智力　　C. 活动　　D. 情绪

5. 班克街早期教育方案的教育目标是促进儿童自主性和个性的发展，包括(　　)

A. 自我认同　　B. 接受帮助　　C. 自主行动　　D. 自行抉择

6. 幼儿园高结构化教学的主要特征表现为(　　)

A. 活动主要由儿童发起　　B. 以教师为中心

C. 活动动机主要是儿童需要　　D. 强调活动结果

7. 在海伊斯科普课程发展的第二个阶段，课程设计者们制定的总目标是教"皮亚杰式技能"，课程目标是依据日内瓦研究课题——(　　)而制定的。

A. 分类　　B. 时间关系　　C. 空间关系　　D. 排序

三、判断题

1. "能欣赏自然和艺术美，养成快乐精神，打消惧怕的情绪"属于陈鹤琴五指活动课程中情绪方面的目标。(　　)

2. 蒙台梭利认为儿童最主要的活动是游戏。(易混)(　　)

3. 瑞吉欧教育体系的特点是发展—互动。(　　)

4. 在蒙台梭利教育体系中，感官教育占有特别重要的地位。(　　)

5. 课程应是连续发展的，而不是孤立的，这体现了学前课程编制的连续发展性原则。(　　)

6. "感官教育"是斑克街早期教育方案的核心。(　　)

7. 蒙台梭利教育方案的核心在于教具的操作。(易混)(　　)

8. 蒙台梭利课程模式以培养儿童成为身心均衡发展的人为目标。(　　)

9. 在海伊斯科普课程中，编制课程的中心是儿童主动活动。(　　)

10. 斑克街早期教育方案强调让儿童进行有意义的学习，使他们感受到自己的能力。(　　)

11. 方案活动是海伊斯科普课程体系的主要特征之一。(　　)

四、填空题

1. 陈鹤琴提出了三个具体的课程编制方法：圆周法、直进法和________。

2. 陈鹤琴先生在对学前儿童心理和教育长期研究的基础上，提出了适合学前儿童发展的课程组织法，被称为________。

3. 行为课程的要旨是以________为中心的，强调"做"即行动的价值，提倡"做学教"打成一片。(常考)

13. (　　)是指在编制课程时,将儿童生活中接触的事物,按照事物的性质和内容的深浅而分布在各个不同的年龄班中。

A. 直进法　　B. 活动法　　C. 混合法　　D. 游戏法

14. "要有研究的态度,充分的知识和表意的能力"属于五指活动课程里哪一方面的目标(　　)

A. 做人　　B. 情绪　　C. 智力　　D. 身体

15. 下列哪一项不属于斑克街早期教育方案的教育目标(　　)

A. 培养儿童有效地作用于环境的能力　　B. 促进儿童自主性和个性的发展

C. 促进幼儿的正常生长发育　　D. 培养儿童的社会性

16. 儿童发展具有敏感期是哪位教育家提出的观点(　　)

A. 陈鹤琴　　B. 洛克　　C. 裴斯泰洛齐　　D. 蒙台梭利

17. 海伊斯科普课程的设计者们认定,(　　)是儿童发展过程的核心。(易错)

A. 主动学习　　B. 机械学习　　C. 发现学习　　D. 意义学习

18. 瑞吉欧在教学方面的突出特点是(　　)

A. 合作研究　　B. 档案支持　　C. 图像语言　　D. 弹性计划

19. 下列不属于蒙台梭利教育方案局限性的是(　　)

A. 有相当程度的机械的和形式化的色彩

B. 教师比较被动,这不利于发挥教师的主导作用

C. 不重视实践

D. 偏重智力训练而忽视情感陶冶和社会化过程

20. 下列对各种课程方案的评价正确的是(　　)

A. 蒙台梭利教育方案是最好的课程方案　　B. 五指活动是最好的课程方案

C. 意大利瑞吉欧教育体系是最好的课程方案　　D. 各种课程方案均有利弊

21. 斑克街早期教育方案的设计者们提出了(　　)的概念。

A. 整个儿童　　B. 全面发展　　C. 综合教育　　D. 主题教育

22. 下列不属于蒙台梭利教育思想的是(　　)

A. 强调儿童内在生命力　　B. 强调游戏在幼儿教育中的地位和价值

C. 重视儿童心理发展的敏感期和阶段性　　D. 强调儿童在"工作"中发展

23. 以皮亚杰的儿童发展理论为基础的课程方案是(　　)

A. 蒙台梭利课程　　B. 瑞吉欧课程

C. 五指活动课程　　D. 高宽课程

二、多项选择题

1. 在蒙台梭利教育体系中,(　　)是蒙台梭利为儿童营造的三根主要支柱。

A. 自由　　B. 作业　　C. 秩序　　D. 工作

3. 试述西方社会幼儿园课程实施的途径。

4. 试述幼儿园课程评价的目的。

七、案例分析题

1. 中(2)班的张老师正在组织幼儿开展美术活动，活动室外突然飘起了雪花。这对于南方的幼儿来讲是非常稀奇的，很多幼儿很少甚至从未见过真正的下雪情景。因此，不少幼儿按捺不住，不时往外张望，甚至有个别幼儿已经离开座位跑到了活动室外。张老师看到这些之后，明确要求幼儿必须先画完画，不能往外看，更不准跑出去。就这样，很多幼儿心不在焉地画完了画。但此时，外面的雪停了。

(1)幼儿园课程实施有哪三种取向？

(2)案例中，张老师的做法属于哪种课程实施取向？并结合案例说明理由。

3. 简述差距评价模式的五个阶段。

4. 简述建立档案袋评价的目的。

5. 简述档案袋的分类。

6. 简述档案袋评价的内容。(常考)

六、论述题

1. 试述目标评价模式的步骤。

2. 试述课程评价标准的意义。(常考)

5. 把评价作为一种决策过程，主张这一决策过程应当由背景评价、输入评价、过程评价和成果评价几个环节构成。这一评价模式是(　　)

A. 外观评价模式　　B. CIPP评价模式

C. 目的游离评价模式　　D. 目标评价模式

6. 课程评价标准具有导向作用、诊断作用和(　　)

A. 鉴定作用　　B. 规范和改进教育的作用

C. 选择作用　　D. 渗透作用

7. 幼儿在户外活动玩吹泡泡游戏，回到活动室后还意犹未尽，林老师就把预定的谈话内容改为我和泡泡玩游戏，这体现课程实施的(　　)

A. 忠实取向　　B. 目标取向　　C. 创生取向　　D. 相互适应取向

8. 科学的课程评价标准应具有的四个基本特征是(　　)

A. 准确性、有用性、合法性、可行性　　B. 准确性、导向性、合理性、可行性

C. 准确性、价值性、教育性、可行性　　D. 准确性、目的性、合理性、规范性

9. 目标取向的课程评价被看作是将教育结果或课程计划与预定课程目标相对照的过程，说明课程受(　　)支配。

A. 逻辑理性　　B. 内容理性　　C. 工具理性　　D. 实践理性

10. 在幼儿园课程评价的类型中，根据评价的主体不同，可将课程评价分为(　　)

A. 形成性评价和终结性评价　　B. 定性评价和定量评价

C. 整体评价、局部评价、单纯评价　　D. 内部评价和外部评价

11. 根据评价功能和评价进行的时间，可将课程评价分为(　　)

A. 整体评价与局部评价　　B. 相对评价与绝对评价

C. 形成性评价与终结性评价　　D. 自我评价与他人评价

12. 课程评价最重要的作用是(　　)

A. 检查或鉴定教育目标是否达成　　B. 及时发现现行课程与预定目标之间的差距

C. 确保其正确的方向　　D. 促进教育教学的改进

13. (　　)指的是把课程看成是教师与学生联合创造的教育经验，课程实施本质上是在具体教育情境中创生新的教育经验的过程，而课程计划只是选择的工具而已。

A. 课程创生取向　　B. 忠实取向

C. 相互适应取向　　D. 行为目标取向

14. 作品取样系统的评价包括三个基本部分：发展指引与发展检核表、作品集和(　　)(常考)

A. 综合报告表　　B. 评价指标　　C. 成长档案　　D. 观察记录表

15. (　　)是评价者用语言文字作为收集、分析、评价资料和呈现评价结果的主要工具的评价方式。

A. 定量评价　　B. 总结性评价　　C. 诊断性评价　　D. 定性评价

七、案例分析题

一段时间内，男孩对用泥捏的枪特别感兴趣，而对于其它区域的材料，尤其是用来折叠的纸张理也不理。众所周知，折纸的过程中可以潜移默化地获得相关的几何知识，这是积塑所不能代替的。为此一位教师精心用纸折出一把精致的手枪。当老师向孩子亮出枪时“啊，这么棒的枪！”“老师，让我玩一会儿！”“你们这么多人，只有一把枪，怎么办呢？”“那么，老师，你教我们做吧！”于是，孩子们心甘情愿地来到了美工区，全神贯注地投入折纸活动中。

请用幼儿园课程内容选择的有关原则加以分析说明。

知识3 幼儿园课程的实施和评价

一、单项选择题

1. 下列关于幼儿园课程评价的说法，错误的是(　　)

A. 评价的重要作用之一就是检查或判断教育目标是否达成

B. 课程评价应客观、真实并发挥幼儿的主导性

C. 课程评价是课程的重要组成部分，它的主要目的就是为了改进和完善课程

D. 教育效果的评价主要是对幼儿、教育活动和教师这三个方面做出评价

2. 课程实施的(　　)指的是把课程实施过程看成是忠实地执行课程计划的过程。

A. 创生取向　　B. 相互适应取向　　C. 忠实取向　　D. 生成取向

3. 下列不属于幼儿园课程实施取向的是(　　)(易混)

A. 忠实取向　　B. 课程创生取向　　C. 经验取向　　D. 相互适应取向

4. 某老师给华华小朋友做出如下评价：这学期华华小朋友在自己吃饭、穿衣等方面进步明显，与上学期相比，更乐于与小朋友交往……这种评价属于(　　)(易混)

A. 相对评价　　B. 绝对评价

C. 个体内差异评价　　D. 诊断性评价

知识2 幼儿园课程的目标和内容

一、单项选择题

1. 在幼儿园教育课程中，起到“指南针”和“方向盘”作用的是(　　)

A. 课程目标　B. 课程内容　C. 课程实施　D. 课程评价

2. 在下列各项中，处于课程核心位置，既是课程设计的起点，也是课程评价标准的是(　　)

A. 课程目标　B. 课程内容　C. 课程组织　D. 课程模式

3. 下列不属于幼儿园课程目标制定依据的是(　　)

A. 社会的需要　B. 学科的发展

C. 学习者的需要　D. 家长的需要

4. 某次美术活动“画熊猫”，教学目标之一是让幼儿掌握画圆和椭圆的技能，这一目标属于幼儿园的(　　)

A. 活动目标　B. 近期目标　C. 中期目标　D. 远期目标

5. (　　)指的是每一个儿童在具体教育情境的各种相互作用中所产生的个性化表现。(常考)

A. 普遍性目标　B. 行为目标　C. 生成性目标　D. 表现性目标

6. 从幼儿园课程目标层次看，处于第二层次的目标是(　　)

A. 年龄阶段(学年)目标　B. 具体教育活动目标

C. 幼儿园课程总目标　D. 单元目标

7. (　　)主要包括知识的掌握、理解或回忆、再认，以及认知能力的形成、发展等方面的目标。

A. 动作技能领域　B. 艺术领域　C. 情感领域　D. 认知领域

8. 课程内容难度水平处在幼儿的“最近发展区”之内，说明课程内容的选择符合(　　)(常考)

A. 目的性原则　B. 兴趣性原则

C. 适宜性原则　D. 价值性原则

9. 幼儿园课程内容选择的原则有目的性、生活化、兴趣性和(　　)等。

A. 先导性　B. 适宜性　C. 时代性　D. 教育性

10. 幼儿园课程内容是指依照幼儿园课程目标选定的通过一定的形式表现和组织的基本知识、基本态度和(　　)

A. 基本情感　B. 基本道德　C. 基本行为　D. 基本技能

11. (　　)是根据学习者的心理发展特点，以适应学习者需要的一种组织课程内容的方法。

A. 直线组织法　B. 逻辑组织法

C. 心理组织法　D. 螺旋式组织法

12. 幼儿园课程的(　　)强调的是个性化，目标指向培养儿童的创造性。

A. 行为目标　B. 生成性目标

C. 表现性目标　D. 教学性目标

五、名词解释

1. 经验课程

2. 综合课程(常考)

3. 学科课程

4. 过程模式

六、简答题

1. 简述幼儿园课程的类型。(常考)

2. 简述幼儿园课程的特点。

七、论述题

试述幼儿园课程编制模式中目标模式的缺点。

上篇　高分题库

专题一　幼儿园课程

命题分析

本专题主要以单项选择题、多项选择题、判断题、名词解释、简答题、论述题、案例分析题等形式进行考查。本专题对考生的识记和理解能力要求较高，约占试卷总分值的15%。本专题需要重点掌握的知识包括：

1. 理解幼儿园课程的概念和幼儿园课程编制模式，掌握幼儿园课程的性质、特点、要素和类型。

2. 理解幼儿园课程目标的内涵、结构与层次，掌握幼儿园课程目标的作用和幼儿园课程目标制定的依据。

3. 理解幼儿园课程内容的内涵和取向，掌握幼儿园课程内容选择的基本原则和幼儿园课程内容组织的方法和要求。

4. 理解幼儿园课程实施的内涵，掌握幼儿园课程实施的取向，识记幼儿园教育活动的组织形式、方法和手段。

5. 理解幼儿园课程评价的内涵和要素，掌握幼儿园课程评价的价值取向和主要模式。

6. 掌握陈鹤琴、张雪门、蒙台梭利等人的幼儿园课程方案。

基础过关

知识1 幼儿园课程概述

一、单项选择题

1.（　　）是教师和幼儿共同建构的，运用各种教育资源，帮助幼儿获得有益的学习经验，促进其身心全面和谐发展的各种活动的总和。

A. 幼儿园课程　　B. 幼儿园游戏

C. 幼儿园教育目标　　D. 幼儿园教育内容

2.（　　）实质上是一个以幼儿园为基地进行课程开发的开放民主的决策过程，即园长、教师、课程专家、儿童及家长和社区人士共同参与幼儿园课程计划的制订、实施和评价等活动。

A. 国家课程　　B. 园本课程　　C. 地方课程　　D. 学科课程

目　录

上篇　高分题库

下篇　全真模拟试卷

参考答案及解析单独成册

教师招聘考试
学前教育高分题库 精编

山香教师招聘考试命题研究中心　主编

图书在版编目(CIP)数据

学前教育高分题库精编/山香教师招聘考试命题研究中心主编.—北京:首都师范大学出版社,2012.6(2021.10重印)

ISBN 978-7-5656-0801-8

Ⅰ.①学… Ⅱ.①山… Ⅲ.①学前教育—幼教人员—聘用—资格考试—习题集 Ⅳ.①G610-44

中国版本图书馆CIP数据核字(2012)第130197号

教师招聘考试

学前教育高分题库精编

山香教师招聘考试命题研究中心　主　编

策划编辑　张文强

责任编辑　曹亮亮　王慕飞　　　　封面设计　山香教育

首都师范大学出版社出版发行

地　　址　北京市西三环北路105号

邮　　编　100048

电　　话　010-68418523(总编室)　　010-68982468(发行部)

网　　址　http://cnupn.cnu.edu.cn

印　　刷　河南黎阳印务有限公司

经　　销　全国新华书店

版　　次　2012年6月第1版

印　　次　2021年10月第28次印刷

开　　本　787mm×1092mm　1/8

印　　张　19.5

字　　数　500千

定　　价　42.00元

前　言

近年来，教师招聘考试越来越“火热”，使得考生在参加教师招聘考试时面临着两大困境：一方面，随着广大考生对教师招聘考试的不断探索，笔试分数的差距在不断缩小；另一方面，教师招聘考试的试题难度和灵活性也在不断提高。对此，考生需要在全面复习的基础上，补齐自身短板，做到“分毫必争”。

本书由山香教育名师团队结合多年教研经验和教学反馈精心编写而成，通过分析制约考生在笔试中得高分的关键因素，甄选教师招聘考试高频考题。希望考生能通过本书摸清命题规律，发现自身缺陷，达到良好的复习效果。

本书具有以下特色：

1. 选题丰富，道道好题。山香教育的实力派老师在深入分析考情的基础上，题型、题量配比与考情高度契合。与其他同类图书相比，本书在专题前特设“命题分析”，说明本专题的复习重点、易考题型。“基础过关”部分帮助考生巩固知识，击破知识薄弱点；“综合提升”部分帮助考生突破重难点。

2. 解析极致，清晰易懂。本书试题的答案解析由山香教育的实力派老师经过数轮优化，逐题逐项细致分析，清晰易懂，使考生知其所以然，逐个击破理论盲点。还结合考生的理解误区和试题迷惑点，特设“易错警示”栏目。“易错警示”为易错易混点辨析，通过这个栏目大大提升了该书的实用性，达到为考生答疑解惑、指点迷津的目的。

限于时间及水平，本书难免会有疏漏之处，衷心希望各位专家、学者及读者朋友们批评指正，同时希望本书能够帮助广大考生顺利通过教师招聘考试。

山香教育编辑部

3. 幼儿园课程要与幼儿的现实发展联系起来，适时而教，循序而育，体现了幼儿园课程的(　　)特点。

A. 启蒙性　　B. 奠基性　　C. 义务性　　D. 潜在性

4. 校园生活、班级人际关系、集体活动等属于(　　)

A. 显性课程　　B. 隐性课程　　C. 空无课程　　D. 狭义课程

5. 活动课程是以(　　)为中心来组织学习内容的。

A. 学科　　B. 问题　　C. 儿童　　D. 概念

6. (　　)符合儿童的年龄特征，能够满足儿童的各种身心需要，是幼儿园的基本活动，也是幼儿教育的基本原则之一。

A. 游戏　　B. 教学活动　　C. 日常生活　　D. 户外活动

7. 幼儿园课程是实现幼儿园教育目的的(　　)

A. 形式　　B. 内容　　C. 手段　　D. 方法

8. 目前我国学校教育中的综合课程本质上还是属于(　　)

A. 活动课程　　B. 学科课程　　C. 悬缺课程　　D. 隐性课程

9. 强调围绕社会问题组织活动内容的课程类型是(　　)(常考)

A. 学科课程　　B. 核心课程

C. 经验课程　　D. 综合课程

10. 第一次明确提出并系统确立了幼儿园课程开发过程模式的课程理论家是(　　)

A. 杜威　　B. 泰勒　　C. 蒙台梭利　　D. 斯坦豪斯

11. 按照课程的表现形态来划分，可将课程分为(　　)

A. 学科课程与经验课程　　B. 显性课程与隐性课程

C. 分科课程与综合课程　　D. 综合课程与学科课程

12. 目前我国幼儿园课程采用的是(　　)(易错)

A. 以学科为中心的组织形式　　B. 以社会问题为中心的组织形式

C. 以儿童为中心的组织形式　　D. 混合型的课程组织形式

13. 与显性课程相对的课程类型是(　　)

A. 综合课程　　B. 隐性课程　　C. 活动课程　　D. 分科课程

14. 幼儿园课程以(　　)为基础。(常考)

A. 教师讲授　　B. 幼儿自学　　C. 幼儿的间接经验　　D. 幼儿的直接经验

15. 下面对隐性课程特点的描述错误的是(　　)

A. 隐性课程的影响具有普遍性

B. 隐性课程的影响具有持久性

C. 隐性课程的影响具有集中性

D. 隐性课程的影响既可能是积极的，也可能是消极的

16. 在广义层面上，对幼儿园课程理解不正确的表述是(　　)

A. 幼儿园课程是“活动”

B. 幼儿园课程是“帮助幼儿获得有益的学习经验”的活动

C. 幼儿园课程是“幼儿教材”

D. 幼儿园课程是“各种活动的总和”

17. 强调不同学科门类之间的相对独立性，强调一门学科的逻辑体系的完整性的课程类型是(　　)

A. 综合课程　B. 分科课程　C. 活动课程　D. 隐性课程

18. 幼儿园环境属于(　　)，所以幼儿园教师要注意环境创设。

A. 活动课程　B. 综合课程　C. 经验课程　D. 隐性课程

二、多项选择题

1. 根据课程内容的组织是以学科知识为核心还是以儿童的经验为核心来划分，可将幼儿园课程分为(　　)

A. 分科课程　B. 学科课程　C. 活动课程　D. 综合课程

2. 下列属于幼儿园课程的特点的是(　　)

A. 基础性与启蒙性　B. 全面性与生活性　C. 游戏性　D. 整合性

3. 幼儿园课程的基本要素包括(　　)

A. 幼儿园课程目标　B. 幼儿园课程内容　C. 幼儿园课程实施　D. 幼儿园课程评价

三、判断题

1. 幼儿园课程不是体现在课表、教材、课堂中，而是体现在生活、游戏和其他儿童喜闻乐见的活动形式中，这体现了幼儿园课程生活性的特点。(　　)

2. 目标模式是以对社会有使用价值的目标作为课程开发的基础和核心，并在此基础上选择、组织和评价学习经验的课程编制模式。(　　)

3. 幼儿园课程是基础教育课程体系的基石。(　　)

4. 幼儿园课程的最核心要素是幼儿园课程目标。(　　)

5. 隐性课程具有非预期性、潜在性的特征，因此它的教育影响是毫无规律、不可控制的。(　　)

6. 分科课程易造成知识的不必要重复，浪费有限的教育资源。(　　)

7. 以明确而具体的行为目标作为课程设计的中心是课程设计目标模式的特征之一。(　　)

8. 经验中心课程关注学生的个性形成和自我实现。(易错)(　　)

9. 幼儿园课程以幼儿的直接经验为基础，让幼儿以获得直接经验为主。(　　)

四、填空题

1. ________是无计划的、无组织的学习活动，学生在学习活动中主要获得的是隐含于课程中的经验。

2. ________注重将科学知识加以系统组织，使教材按一定的逻辑顺序加以编排，注重儿童在学习过程中对知识和技能的掌握。

3. 课程的要素包括________、________、________、________。

二、多项选择题

1. 幼儿园课程目标的基本取向主要包括(　　)

A. 普遍性目标取向　B. 行为目标取向　C. 生成性目标取向　D. 表现性目标取向

2. 美国著名教育心理学家布卢姆等人在《教育目标分类学》中曾以儿童身心发展的整体结构为框架,为教育目标的建立提供了一个比较规范、清晰的形式标准,把教育目标分为(　　)三大类。

A. 认知　B. 情感　C. 动作　D. 情绪

3. 在设计学前教育课程时,我们应使其内容具有(　　)等特点。

A. 启蒙性　B. 社会性　C. 发展性　D. 全面性

4. 将当代社会生活需要转化为幼儿园课程目标时要遵守的原则主要包括(　　)

A. 民主性原则　B. 民族性与国际性统一的原则

C. 教育先行原则　D. 兴趣性原则

三、判断题

1. 幼儿园课程目标与中小学课程目标相比,学科性及知识的系统性并不明显,课程目标更具整合性,对儿童更具一般发展性。(　　)
2. 表现性目标是一种可以用具体观察或测量的儿童行为来表示课程目标。(易错)(　　)
3. 课程内容是实现课程目标的手段。(　　)
4. 幼儿园课程内容组织是指创设良好的课程环境,使幼儿园课程活动兴趣化、有序化、结构化,以产生适宜的学习经验和优化的教育效果,从而实现课程目标的过程。(　　)
5. 同一地区,不同类型、不同性质、不同物质条件、不同师资水平的托幼机构,课程内容应完全一致。(　　)
6. 幼儿园课程内容的选择既要源于生活,又要高于生活。(　　)

四、填空题

1. ________是依据一定的哲学或伦理观、意识形态和社会政治需要而引出的对课程进行原则性规范或总括性指导的目标。
2. ________注重的是过程,反映的是教育过程中儿童经验生长的要求,注重的是儿童问题解决的过程与结果,它的根本特点是________。(常考)
3. ________是根据学习者的心理发展特点,以适应学习者需要的一种组织课程内容的方法。该方法强调儿童的心理发展特点、经验、兴趣、需要,对调动儿童学习的积极性、主动性作用很大。
4. ________是指根据知识本身的系统及内在联系来组织课程内容的一种方法,该方法对儿童掌握系统的知识是有益的。
5. “综合教育”是一种以________组织幼儿园课程内容的方式。
6. ________指的是按广义概念组织课程内容,即打破传统的知识体系,使课程内容与儿童已有的经验连为一体的方法。

五、名词解释

1. 纵向组织法

2. 幼儿园课程总目标

六、简答题

1. 简述幼儿园课程目标制定的依据。

2. 简述幼儿园课程目标的层次。

3. 简述幼儿园课程内容的范围。

4. 简述幼儿园课程目标的基本取向。

5. 简述幼儿园课程内容的取向。(易错)

16. 差距评价模式的四个部分是：确定课程标准、确定课程表现、对标准和表现进行比较和(　　)

A. 确定差别是否存在　　B. 分析结果

C. 反复验证　　D. 得出结论

17. 外观评价模式中，包括三个重要的因素：前提条件、相互作用和(　　)

A. 参照标准　　B. 结果　　C. 经验兴趣　　D. 能力基础

18. 把课程计划和课程实施的关系隐喻为“建筑图纸和具体施工”，反映的是幼儿园课程实施的(　　)取向。

A. 忠实　　B. 相互调适　　C. 创生　　D. 预设

19. 下列不属于幼儿园教育活动类型的是(　　)

A. 教育教学活动　　B. 教研活动　　C. 游戏活动　　D. 日常生活活动

20. 差距评价模式是由(　　)提出的。

A. 泰勒　　B. 普罗沃斯　　C. 斯克里文　　D. 斯塔克

21. 在对幼儿园的课程实施方案进行评价时，以“过程取向”为特征的评价方式是(　　)

A. 形成性评价　　B. 总结性评价

C. 诊断性评价　　D. 终结性评价

二、判断题

1. 在课程评价中，要以“具体性”“鼓励性”作为开展儿童自我评价的基本原则。(　　)

2. 幼儿园课程的实施要通过拟定各层次的教育教学计划，并通过儿童在园的一日生活以及一系列具体的教育活动来进行。(常考)(　　)

3. 幼儿园课程评价本质上应是一种“对事不对人”的评价。(　　)

4. 游戏和教学可以互相替代，又相得益彰。(　　)

5. 目标取向的评价在本质上是受“实践理性”支配的。(　　)

6. 幼儿是成长档案袋的主体，无论是档案的建立、形成，还是制作，都应该让幼儿参与。(　　)

三、填空题

1. 根据收入档案袋的幼儿作品的内容性质可以将档案袋分为：过程型档案、成果型档案和________。

2. ________是在一段时间里持续而又系统地收集到的能代表幼儿成长、进步和成就的作品，让幼儿和教师依据教师的期望与幼儿的发展，共同评鉴幼儿的学习和进步。

3. ________是幼儿园课程实施的基本途径。(易混)

4. 目标游离评价模式是由________提出的。

四、名词解释

1. 个体内差异评价

2. 课程创生取向

3. 课程实施(易错)

4. 讲解

5. 内部评价(易混)

6. 整体评价

7. 外部评价(常考)

8. 终结性评价(易混)

9. 局部评价

五、简答题

1. 简述幼儿园教育活动的类型。(易错)

2. 简述幼儿园教育活动的方法。

2. 李老师是一位新教师，她正在组织开展科学活动“各种各样的味道”。活动室四周摆放着幼儿搜集来的各种食品、调料、水果等。幼儿自由地感受、品尝、比较各种味道，气氛活跃。

其中，幼儿感受最深的是辣味。经过一段时间的自由探索，幼儿开始交流自己的感受和体验。就在这时，一个幼儿突然站起来说：“我感觉太辣了，我要喝水！”教室里随即沸腾起来：“我也觉得太辣了，我也要喝水……”场面开始混乱。此时，李老师心里十分矛盾：如果同意他们出去喝水，活动还能顺利进行下去吗？如果不同意他们，又该如何往下引导？李老师最后还是说：“请小朋友们坚持一下，上完课马上请大家喝水。”最后活动也在孩子们的“沸腾”声中匆匆结束。

请你以课程实施的取向相关理论回答：

(1)请分析李老师的做法属于哪种课程实施的取向。

(2)如果你是李老师，你将会如何处理这一情况？并说明理由。

知识4 中外著名的幼儿园课程方案

一、单项选择题

1. 提出了“大自然、大社会是活教材”的学前教育家是(　　)

A. 陶行知　　B. 陈鹤琴　　C. 张雪门　　D. 蒙台梭利

2. 瑞吉欧教育体系产生于意大利的一个富裕和资源丰富的小城市——瑞吉欧。(　　)是意大利早期教育系统的奠基人。

A. 克伯屈　　B. 马拉古兹　　C. 拜伯　　D. 乌索娃

3. 陈鹤琴的五指活动课程内容是指(　　)(常考)

A. 有准备的环境、教师、教具、游戏和自由

B. 日常生活练习、感觉教育、数学教育、语言教育和文化教育

C. 健康活动、社会活动、科学活动、艺术活动和语文活动

D. 课程目标、课程内容、课程组织与实施、课程评价和课程设计

4. 在蒙台梭利的感觉教育中,感官训练的重点是(　　)

A. 视觉训练　　B. 听觉训练　　C. 触觉训练　　D. 嗅觉训练

5. 在陈鹤琴的“活教育”理论中活教育方法的核心是(　　)

A. 做　　B. 做和学　　C. 教和学　　D. 教和做

6. 下列不属于瑞吉欧教育体系的理念来源的是(　　)

A. 欧洲和美国的进步主义思潮　　B. 皮亚杰和维果斯基的心理学理论

C. 第二次世界大战后意大利的左派政治改革　　D. 蒙台梭利的感觉教育

7. 在(　　)中,主题网和课程轮是课程设计和实施中常用的工具。

A. 瑞吉欧教学方案　　B. 蒙台梭利课程模式

C. 海伊斯科普课程　　D. 斑克街早期教育方案

8. 瑞吉欧的课程与教学展开的主要方式是(　　)(易错)

A. 项目活动　　B. 生活活动　　C. 区域活动　　D. 集体教学活动

9. 下列不属于蒙台梭利教育法范畴的是(　　)

A. 有准备的环境　　B. 教师　　C. 教具　　D. 游戏

10. 陈鹤琴认为,(　　)是幼稚园课程第一重要的。

A. 儿童健康　　B. 幼儿园环境　　C. 幼儿园老师　　D. 家长

11. 瑞吉欧教育方案的灵魂和核心是(　　)

A. 项目活动　　B. 指导者　　C. 集体学习　　D. 主动学习

12. 下列不属于张雪门选择教材标准的是(　　)

A.“应合于儿童的需要”　　B.“应顾到社会生活的意义”

C.“应顾到社会生活的重要”　　D.“应具有科学性”

4. 在蒙台梭利学校中，教师扮演的角色首先是________，蒙台梭利把教师称作“指导员”。

5. 在瑞吉欧教育体系中，教师是儿童的伙伴、________和指导者。（易错）

6. 从心理学角度讲，感官教育符合该时期的心理发展状况；从教育学的角度讲，感官教育能引发出算术、语言、书写、________等。

7. 斑克街早期教育方案的基本理念是儿童认知发展和________与其社会化的过程不可分离。

8. 斑克街早期教育方案常以________的问题为综合性课程的主题，教师为儿童获取社会学习和掌握重要技能的经验提供机会。

9. 瑞吉欧教育体系的课程理论认为，________既是学习的过程，又是学习的结果。

10. 蒙台梭利坚信，遗传是第一位的，对儿童而言，生命力的表现就是________。

五、名词解释

1. 圆周法

2. 整个教学法（易错）

3. 直进法

4. 项目活动（常考）

六、简答题

1. 简述斑克街课程的实施步骤。

2. 斑克街早期教育方案以社会学习为核心展开的课程，共分为哪几类？

3. 简述蒙台梭利教育体系中“一个有准备的环境”的特点。(常考)

4. 简述瑞吉欧教育体系中方案活动的特点。

5. 简述张雪门提出的选择教材的五条标准。

6. 简述斑克街早期教育方案的教育目标。

7. 瑞吉欧教育体系提出的关于个体和集体学习的关系问题有哪些?

10. 针对幼儿喜欢《西游记》的情况，教师设计的活动内容是由西游记故事贯穿起来的主题活动，这遵循了幼儿园课程内容选择的(　　)原则。

A. 适宜性　　B. 生活化　　C. 兴趣性　　D. 直接经验性

11. 评价的目的在于将设计的课程标准与实际的课程表现加以评价，找出彼此之间的差距，找出造成差距的原因，作为改进课程的依据，并且决定是继续课程计划，还是重复或终止课程计划。这一评价模式是(　　)

A. 目标评价模式　　B. 差距评价模式

C. 目标游离评价模式　　D. 外观评价模式

12. 档案袋评价中，张老师在一段时间里持续而有系统地收集了能代表贝贝在测量主题活动中成长、进步和成就的作品，这种档案属于(　　)

A. 陈列性档案　　B. 文件性档案　　C. 历程性档案　　D. 评鉴性档案

二、多项选择题

1. 从课程设计、开发和管理主体来看，可将课程分为(　　)

A. 国家课程　　B. 地方课程　　C. 园本课程　　D. 核心课程

2. 根据评价的参照体系分类，可将课程评价分为(　　)

A. 相对评价　　B. 绝对评价

C. 个体内差异评价　　D. 整体评价

3. 下列选项中关于教育评价中的终结性评价说法错误的有(　　)

A. 终结性评价是形成性评价　　B. 终结性评价是绝对评价

C. 终结性评价是总结性的评价　　D. 终结性评价是相对评价

三、判断题

1. 幼儿园课程具有义务性。(　　)

2. 行为目标过于细化和精确化的倾向，易使教师只见目标，不顾儿童的实际发展。(　　)

3. 我国2001年颁布的《幼儿园教育指导纲要(试行)》中以五大领域内容为版块，对原有的苏联分科模式进行了改造。实践中也出现了一些以“领域”形式编排的教材。这些都是学科课程的反映。(　　)

4. 表现性目标关注的是儿童活动中表现出的思考问题和解决问题的过程，而不是特定的行动结果。(　　)

5. 根据收入档案袋的幼儿作品的内容性质可以将档案袋分为：过程型档案、成果型档案和综合型档案。(　　)

6. 提出整个教学法的是张雪门。(　　)

四、填空题

1. 课程目标是________在教育过程中的具体化，它指明了学习者通过课程的学习应该达到的成就。

2. ________反对用预先确定的目标，尤其是行为目标来规定课程的进展和结果，把课程设计看成是一个不断发展的过程，是主张关注具有内在价值的课程内容及儿童实际的活动过程的课程设计模式。

3. 海伊斯科普课程理论基础是________。

五、名词解释

1. 园本课程(常考)

2. 目标模式(易错)

3. 课程实施的相互适应取向

4. 普遍性目标(易混)

5. 定量评价

六、简答题

1. 简述课程内容即学习经验的内容。

2. 简述张雪门先生行为课程的内容。

专题二　学前健康教育

命题分析

本专题主要以单项选择题、判断题、简答题等形式进行考查。本专题对考生的识记和理解能力要求较高,约占试卷总分值的10%。本专题需要重点掌握的知识包括:

1. 掌握学前健康教育的主要内容与方法。
2. 掌握学前儿童体育活动的年龄阶段目标。
3. 理解学前儿童体育活动的内容。
4. 理解学前儿童心理健康教育活动应注意的问题。

基础过关

知识1 学前健康教育概述、目标、内容与方法

一、单项选择题

1. 暑假前卢老师开展了一次健康教育活动,活动的主要目标是教育幼儿假期不要单独到水池边、河边玩耍,要在成人的陪伴下游泳,以及让幼儿了解防溺水的相关知识。该活动属于幼儿园身体健康教育内容中的(　　)(常考)

A. 体育锻炼　　B. 生活卫生习惯教育

C. 饮食与营养教育　　D. 安全自护教育

2. 下列不属于幼儿健康特征的是(　　)

A. 情绪反应适度　　B. 身体器官组织的构造正常

C. 社会适应良好　　D. 身高、体重的增加速度与同年龄幼儿完全一致

3. 下列对健康概念的表述,正确的是(　　)(常考)

A. 身体健康及良好的社会适应能力　　B. 心理健康及良好的环境适应能力

C. 身心健康及良好的环境适应能力　　D. 身心健康及良好的社会适应能力

4. 确定儿童健康教育目标的根本依据是(　　)

A. 健康教育的总目标　　B. 儿童身心发展特点

C. 儿童体育活动目标　　D. 儿童教育目标

5. “愉快地参加户外活动,在有趣的游戏中充分锻炼,自然协调地走、跑,并初步掌握跳、爬、钻、投掷、平衡、攀登等基本动作”。这属于(　　)儿童的健康教育目标。

A. 小班　　B. 中班　　C. 大班　　D. 托班

6. 学前儿童健康教育包括学前儿童心理健康教育和(　　)

A. 学前儿童卫生教育　　B. 学前儿童身体健康教育

C. 学前儿童常规教育　　D. 学前儿童亲社会教育

7. 下列不属于儿童身体健康教育内容的是(　　)

A. 生活卫生习惯　　B. 安全自护

C. 体育锻炼　　D. 能听懂并理解多种游戏规则

8. 在学前儿童健康教育活动中,幼儿园教师让幼儿自己发现问题,发表自己的看法和意见,解决问题并得出结论,使用了(　　)

A. 讲解演示法　　B. 情境表演法

C. 感知体验法　　D. 讨论评议法

二、多项选择题

1. 布拉姆提出影响学前儿童健康的因素主要包括(　　)(常考)

A. 环境　　B. 生物学因素　　C. 生活方式　　D. 保健设施的易得性

2. 学前健康教育目标是使儿童的身心发展达到预期的健康水平,它包含着健康教育的(　　)等层次。

A. 终极目标　　B. 分类目标　　C. 年龄阶段目标　　D. 教育活动设计目标

三、判断题

1. 儿童教育和健康教育的总目标是确定儿童健康教育目标的根本依据。(易混)　(　　)

2. 幼儿园必须把保护儿童的生命和促进儿童的健康放在工作的首位。　(　　)

3. 学前健康教育目标的制定、内容的选择,要考虑略高于儿童现有水平,同时又是儿童经过努力可以完成的,这体现了学前健康教育实施的发展性原则。　(　　)

4. 了解身体主要器官及自身生长的需要,并初步掌握自我保健的有关常识和简单方法,这是中班儿童学前健康教育的目标。　(　　)

四、名词解释

1. 幼儿健康

2. 健康教育

3. 幼儿园健康教育(常考)

7. 学前儿童体育(　　),是幼儿园体育活动中最重要的内容。

A. 技能　　B. 锻炼　　C. 项目　　D. 游戏

8. 幼儿体操动作的编排应包括身体的各个部位和不同方向的动作,成套幼儿体操的编排程序是(　　)

A. 上肢或四肢的伸展动作→扩胸、转体动作→腹背动作→下肢及全身动作→放松、整理动作

B. 扩胸、转体动作→腹背动作→下肢及全身动作→上肢或四肢的伸展动作→放松、整理动作

C. 放松、整理动作→上肢或四肢的伸展动作→扩胸、转体动作→腹背动作→下肢及全身动作

D. 腹背动作→上肢或四肢的伸展动作→扩胸、转体动作→下肢及全身动作→放松、整理动作

9. 下列选项中属于中班幼儿跑的能力发展特点的是(　　)

A. 跑的步幅小,步伐不均匀,上下肢不协调,身体不平衡,速度慢、耐力差

B. 跑动中控制身体的能力差,不易立刻停止、转弯、躲闪障碍

C. 动作协调、自然,能听信号改变方向,速度快,追逐跑,一个一个地跑

D. 灵敏、协调、控制力高,转、停顿灵活

10. 编排幼儿体操时,整套动作的活动量应(　　)

A. 由小到大　　B. 由大到小

C. 由小到大,再由大到小　　D. 由大到小,再由小到大

11. 下列不属于攀登类体育运动器械的是(　　)

A. 攀登架　　B. 秋千　　C. 攀网　　D. 肋木

12. 跑的教学重点是腿的动作,腿动作的基本要求是(　　)

A. 步子小,落地轻　　B. 步子大,落地轻

C. 步子小,落地重　　D. 步子大,落地重

13. 适宜小班开展的体操是(　　)

A. 徒手操　　B. 模仿操　　C. 器械操　　D. 球操

14. 跳跃的教学重点是(　　)

A. 助跑和起跳　　B. 起跳和平衡

C. 起跳和落地　　D. 落地和平衡

15. 下列口令中只有动令的是(　　)(易错)

A. 起步走　　B. 向左转　　C. 稍息　　D. 向前看齐

16. 科学安排学前儿童运动量应遵循的原则是(　　)

A. 以大运动量为主　　B. 适量的运动负荷

C. 由大到小　　D. 高难度

17. 跳跃是一种(　　)

A. 周期性动作　　B. 非周期性动作

C. 人体移动最快的一种动作　　D. 人体位移最自然的一种方式

18. 调整幼儿体育游戏的活动量最主要应考虑(　　)(易错)

A. 幼儿生理变化　B. 幼儿活动兴趣
C. 幼儿对游戏的掌握程度　D. 幼儿对游戏的参与程度

19. 幼儿体育活动量是否适当,教师可以通过在活动中和活动后观察幼儿的(　　)来判断。

A. 面色、汗量、视力、动作等　B. 面色、汗量、呼吸、视力等
C. 听力、汗量、呼吸、动作等　D. 面色、汗量、呼吸、动作等

20. 学前儿童体育活动运动负荷的特点是(　　)(常考)

A. 强度较小,密度较小,时间较长　B. 强度较大,密度较大,时间较短
C. 强度较小,密度较大,时间较短　D. 强度较小,密度较大,时间较长

21. 在球类活动中,(　　)能自抛自接低(高)球;能两人近距离互抛互接大球;能滚球击物;能左右手拍球。

A. 托班幼儿　B. 小班幼儿　C. 中班幼儿　D. 大班幼儿

22. 能在宽20厘米、高30厘米的平衡木(或斜坡)上走;能原地自转至少3圈不跌倒;能闭目向前走至少10步。这属于(　　)体育活动的目标。(易混)

A. 托班幼儿　B. 小班幼儿　C. 中班幼儿　D. 大班幼儿

23. 体操的功用是不同的,“编排的操节动作要全面,以便全面锻炼幼儿的身体”。这是对(　　)的要求。

A. 准备操　B. 表演操　C. 早操　D. 放松操

24. 以下关于幼儿园早操活动组织策略的表述,正确的是(　　)

A. 早操活动的时间段一年四季不能变更　B. 不同年龄段儿童做操时间不需要统一
C. 早操活动的单次持续时间不能超过15分钟　D. 早操的内容一年内最好不要更换

25. 幼儿体育锻炼需要坚持的原则不包括(　　)

A. 渐进性原则　B. 兴趣性原则　C. 持久性原则　D. 竞赛性原则

26. 幼儿园运动会的实施与指导策略中,不正确的是(　　)

A. 面向全体,人人参与
B. 重在参与和娱乐,满足幼儿的表演欲和参与积极性
C. 以集体和合作项目为主,注重团队精神的培养
D. 重在运动会前突击训练

二、多项选择题

1. 考虑学前儿童身体及动作在运动过程中的变化特点,在学前儿童体育活动设计中,应遵循的规律包括(　　)

A. 人体机能适应性规律　B. 人体生理机能活动能力变化的规律
C. 动作技能形成的规律　D. 适量的运动负荷

12. 比赛法

13. 体育课

14. 早操

15. 远足

16. 学前儿童体育节(常考)

六、简答题

1. 简述学前儿童体育活动的总目标。

2. 学前儿童体育游戏进行中应注意哪些问题?(易错)

3. 简述选择和创编学前儿童体操的基本要求。

4. 简述学前儿童走的能力发展特点。

5. 简述学前儿童投掷能力的发展特点。

6. 简述学前儿童体育游戏创编的原则。

7. 简述学前儿童体操的教学建议。(易混)

8. 简述学前儿童户外体育活动的意义。

9. 简述学前儿童体育活动的主要特点。(常考)

7. 在饮食教育中，老师先让孩子初步认识一些食物，然后再培养他们合理搭配食物的能力，这遵循了饮食营养教育的(　　)

A. 可行性原则　　B. 直接性原则

C. 一致性原则　　D. 序列性原则

二、多项选择题

1. 学前儿童身体保护和生活自理教育活动的原则包括(　　)(常考)

A. 全面性原则　　B. 主体性原则　　C. 安全性原则　　D. 教育性原则

2. 幼儿身心保健教育活动的过程一般由(　　)构成。

A. 开始环节　　B. 基本环节　　C. 结束环节　　D. 延伸环节

3. 影响学前儿童心理健康的因素主要包括(　　)

A. 生物学因素　　B. 心理社会因素　　C. 环境和教育　　D. 遗传

4. 学前儿童身体保健教育中良好的个人卫生习惯包括(　　)

A. 每天洗脸、洗脚、清洗外阴(尤其是女孩)　　B. 学会自己吃饭，饭后擦嘴

C. 每天早晚刷牙　　D. 不乱扔东西，不乱涂乱画

三、名词解释

1. 外貌模式(常考)

2. 单项评价

3. 情景演示法

4. 行为练习法

5. 讲解说理法

6. 讨论评议法

四、简答题

1. 简述学前儿童安全教育实施的原则。

2. 简述学前儿童饮食营养教育的原则。

3. 简述学前儿童心理健康教育活动应注意的问题。

4. 简述学前健康教育活动评价的内容。

五、案例分析题

中三班小朋友明明，坐在椅子上时，一直以来喜欢身体往前倾，只有臀部落座在椅面上；坐在桌前时，常会耸着肩。

请回答：

(1)明明的坐姿有哪些问题？

(2)这一坐姿直接影响明明的体态，你准备怎样帮助明明养成正确的坐姿？

4. 简述学前健康教育评价的原则。

七、案例分析题

1. 一位幼儿园老师教儿童跳绳之后，为使全体儿童学会跳绳，在下午的体育活动中开展跳绳活动，他发给每位儿童一根绳子后，让儿童自由四散练习，而自己则不断提醒儿童继续学跳，20分钟后，还有部分儿童不会跳，老师又延迟了十分钟。

请用学前儿童体育教育的有关理论，分析其不足之处。

2. 统计数据显示，意外伤害占我国儿童死亡原因总数的26.1%，而且这个数字还在以每年7%~10%的速度增长，意外伤害已成为0~14岁儿童健康的第一"杀手"。历数近三年来国内所发生的灾难，在每次灾难中青少年都是受到伤害最严重的社会群体。据有关部门统计，迄今为止我国因意外伤害造成的儿童死亡人数占总数的比例在不断上升。儿童意外事故52%发生在家庭，19%发生在街道，12%发生在学校。专家认为意外伤害的特点是意外性和突然性，绝大多数儿童意外伤害事故是可以预防的。

请结合案例谈谈如何开展学前儿童安全教育？

专题三　学前语言教育

命题分析

本专题主要以单项选择题、多项选择题、判断题、填空题、名词解释、简答题等形式进行考查。本专题对考生的识记和理解能力要求较高，约占试卷总分值的15%。本专题需要重点掌握的知识包括：

1. 了解学前语言教育目标的层次结构，掌握学前语言教育的内容和原则。
2. 了解学前儿童语言相关的获得理论，掌握儿童语言能力发展的特点。
3. 掌握幼儿学习语言的特点和实施语言教育的途径跟方法。
4. 掌握学前语言教育活动的设计与组织策略、学前语言教育活动评价的作用和内容。

基础过关

知识1 学前语言教育的目标、内容及原则

一、单项选择题

1. 下列选项中不属于学前语言教育目标制定依据的是(　　)

A. 社会发展的需要　　B. 儿童身心发展的特点

C. 教育方针　　D. 语言的学科特性和儿童语言学习的特点

2. 渗透的语言教育内容的核心是促进学前儿童与教师、同伴之间的有效(　　)

A. 言语运用　　B. 言语交流

C. 言语理解　　D. 言语表达

3. 喜欢与同伴交流，愿意在集体面前讲话。这是哪个年龄段儿童的谈话活动目标(　　)

A. 小小班　　B. 小班　　C. 中班　　D. 大班

4. “喜欢看书，知道看书的基本方法，能初步看懂单幅儿童图画书的主要内容。”这是对(　　)年龄段的要求。

A. 小小班　　B. 小班　　C. 中班　　D. 大班

5. 能主动、积极、专注地倾听别人谈话，迅速掌握别人谈话的主要内容，并从中获取有用的信息。这是哪个年龄段儿童谈话活动的目标(　　)

A. 小小班　　B. 小班　　C. 中班　　D. 大班

6. 培养幼儿在口头言语交往活动中快速、机智、灵活地运用语言的能力主要采用(　　)

A. 谈话活动　　B. 讲述活动　　C. 听说游戏　　D. 文学活动

五、名词解释

1. 学前语言教育的终期目标

2. 随机渗透在日常生活中的语言学习(常考)

3. 学前语言教育的具体活动目标

4. 谈话活动

5. 早期阅读活动

六、简答题

1. 简述中班幼儿讲述活动的目标。

2. 简述大班幼儿文学作品学习活动的目标。(易混)

3. 简述专门的语言教育内容的选择遵循的原则。

4. 简述小班幼儿听说游戏的目标。

5. 简述小班幼儿文学作品学习活动的目标。(常考)

6. 简述小班幼儿早期阅读活动的目标。

7. 简述中班幼儿谈话活动的目标。

8. 简述中班幼儿听说游戏的目标。

9. 简述中班幼儿文学作品学习活动的目标。(易错)

12. 儿童在10～18个月内发展起来的前言语感知能力是(　　)

A. 辨音水平　　B. 辨义水平

C. 辨调水平　　D. 单音发声

13. 小班语音教育的重点应该放在(　　)上,要尽量在日常生活和游戏中进行。(易错)

A. 词汇积累　　B. 听力和发音练习

C. 语法完善　　D. 词义理解

14. 方方看到姐姐,把玩具拿给姐姐说:"姐姐拿,姐姐拿。"方方的句子属于(　　)

A. 单词句　　B. 关联句　　C. 复合句　　D. 双词句

二、判断题

1. 2岁左右,婴儿开始使用疑问句,并呈迅速增长趋势。(　　)

2. 学前儿童获得词义的过程比获得语音、语法的过程缓慢。(　　)

3. 儿童在语言习得过程中是被动接受知识和能力的,听到什么才有可能说出什么。(　　)

4. "双词句"阶段的儿童年龄在1.5～2岁。(　　)

5. 从2岁半开始,儿童发音器官逐渐成熟,语音逐渐稳定和规范,发不出的语音逐渐减少,儿童的无意义发音现象已经消失。(　　)

6. 说多词句的句子时,常有说话不流畅、结结巴巴的现象,对3岁孩子而言,这属于口吃的现象。(　　)

7. 儿童的不完整句大多发生在2岁以前,主要是单词句和双词句。(　　)

三、填空题

1. 儿童词汇发展过程中,实词中最先和大量掌握的是________。

2. 先天能力说的代表人物是________。

3. 已有的研究结果告诉我们,儿童识字行为的发展,可以分为萌发阶段、初期阶段、________。

4. 儿童的阅读能力发展,大致经过了分析阶段、综合阶段、________。

5. 在儿童掌握语言之前,有一个较长的言语发生准备阶段,称为________。

四、简答题

1. 简述学前儿童词汇教育的内容。(易错)

2. 简述学前儿童语音教育的途径。

3. 针对学前儿童错用或误用词的情况，教师应该从哪些方面帮助前儿童学会正确运用词？

4. 简述儿童前语言交际能力的发展特点。

知识3 学前语言教育的特点、途径和方法

一、单项选择题

1. 一儿童在家里将布娃娃和玩具动物整齐地靠在沙发上，然后对它们说："小朋友们请坐好，小脚并并拢，小手放放好，两只眼睛看着老师，嘴巴不要发出声音，嗯，很好，下面我们开始上课了。"这属于儿童在语言方面的哪种模仿(　　)(常考)

A. 即时的、完全模仿　　B. 延迟模仿

C. 即时的、不完全模仿　　D. 创造性模仿

2. 老师说："这个玩具小兔子是软软的。"幼儿模仿说："小兔子是软软的。"这种情况属于(　　)模仿。

A. 即时的、完全的　　B. 即时的、不完全的

C. 延迟　　D. 创造性

3. 语言能力是在(　　)的过程中发展起来的。发展幼儿语言的关键是创设一个能使他们想说、敢说、喜欢说、有机会说并能得到积极应答的环境。

A. 一日生活　　B. 游戏　　C. 活动　　D. 运用

4. 幼儿语言实践的最佳途径是(　　)(常考)

A. 语言教学活动　　B. 早期阅读

C. 游戏活动　　D. 欣赏文学作品

5. 幼儿自然而然地接受语言，不立即模仿说出，隔一段时间后，或在类似情境出现时，幼儿才模仿说出类似的语言。这是(　　)

A. 即时的、完全模仿　　B. 即时的、不完全模仿

C. 延迟模仿　　D. 创造性模仿

6. 儿童语言的基本发展顺序是(　　)

A. 听、说、读、写　　B. 听、读、说、写

C. 听、写、读、说　　D. 写、听、说、读

7. 谈话活动的重点内容和核心是(　　)

A. 创设谈话情境,引出谈话话题　　B. 鼓励儿童围绕话题自由交谈

C. 引导儿童围绕中心话题逐步拓展交谈内容　　D. 教师隐性示范新的谈话经验

8. 文学作品的学习对学前儿童来说意味着不同层次的学习,其中最高层次的学习是(　　)

A. 理解具体的语言符号的意义　　B. 认识一定的社会生活

C. 懂得一定的道理　　D. 感受艺术结构语言符号的不同方式

9. 从讲述内容来划分,可以将讲述活动分为叙事性讲述、描述性讲述、说明性讲述和(　　)

A. 看图讲述　　B. 议论性讲述

C. 实物讲述　　D. 谈论性讲述

10. 谈话活动是幼儿园语言教育的重要形式,以下关于谈话活动特点阐述不合适的是(　　)(易错)

A. 谈话活动有一个有趣的中心话题　　B. 谈话活动注重师幼双方的信息交流

C. 谈话活动拥有宽松的交谈气氛　　D. 谈话活动中教师起间接引导作用

11. (　　)是文学作品中通过其形象体系显示出来的中心思想。

A. 主题　　B. 题材　　C. 情节　　D. 结构

12. 下列不属于幼儿对谈话认知方面的目标是(　　)

A. 知道倾听在谈话中的意义、作用,知道倾听他人的谈话内容

B. 主动用适合自己角色的语言、自觉地运用听说轮换等基本的交谈规则、方式进行交谈

C. 知道与他人交谈时要围绕话题谈话不跑题,并且知道围绕中心话题不断扩展谈话内容

D. 知道运用语言进行交谈的基本规则,并知道在谈话中运用这些基本规则进行交谈

13. 幼儿语言教育活动中,锻炼幼儿独白语言能力的活动是(　　)

A. 谈话活动　　B. 讲述活动　　C. 早期阅读活动　　D. 文学活动

14. 幼儿早期阅读活动设计与实施的最后一个步骤是(　　)(常考)

A. 阅读活动的延伸　　B. 归纳阅读内容

C. 围绕阅读重点开展活动　　D. 儿童自己阅读

15. 通过观察图片,培养幼儿说反义词的能力。这种语言游戏的类型是(　　)

A. 语音练习游戏　　B. 词汇练习游戏　　C. 句子和语法练习的游戏　　D. 描述练习游戏

16. 下列不属于谈话活动的主要类型的是(　　)

A. 日常生活中的谈话　　B. 有计划的谈话活动

C. 开放性的讨论活动　　D. 随机的谈话活动

17. 关于幼儿园听说游戏,说法正确的是(　　)

A. 听说游戏可以不考虑语言教育目标

B. 听说游戏就是语言游戏

C. 听说游戏是语言教学的游戏

D. 听说游戏是为培养幼儿参与游戏的能力而专门设计的

18. 幼儿园文学作品活动的特征是(　　)

A. 发展的是儿童的完整语言
B. 创设丰富的阅读环境
C. 提供整合的阅读活动
D. 提供一种与文学作品相互作用的途径

19. 语言教育活动的评价涉及许多方面,但概括起来主要是两个方面:一个是对幼儿的评价;另一个是对(　　)的评价。

A. 活动本身
B. 教师的活动能力
C. 教师的语言使用规范
D. 教师的能力

20. 在编构故事活动中,小班编构故事的重点是编构(　　)(易混)

A. 故事结局　B. 故事人物　C. 完整故事　D. 有趣情节

21. 根据讲述活动对象的特点不同,幼儿园讲述活动可分为看图讲述、实物讲述和(　　)

A. 叙事性讲述
B. 描述性讲述
C. 情景表演讲述
D. 议论性讲述

22. 在谈话活动中出现谈话内容中断的时候,要想延续谈话,则谈话者可采用(　　)(易错)

A. 修补的方法　B. 轮流的方法　C. 传递的方法　D. 导向的方法

23. (　　)主要针对亲子阅读中普遍存在的问题,利用接送孩子的时间进行小组辅导。

A. 定期培训　B. 小组指导　C. 材料展示　D. 经验交流

24. 讲述“我喜欢的玩具”,要求说明玩具是什么样的、什么材料做的、怎么玩法等。这种方法属于(　　)

A. 议论性讲述　B. 说明性讲述　C. 叙事性讲述　D. 描述性讲述

25. 幼儿的阅读技能主要包括理解观察的技能、概括的技能和(　　)

A. 书写的技能
B. 识字的技能
C. 预期的技能
D. 理解意义的技能

26. 在儿童的阅读经验中,下列不属于前图书阅读经验的是(　　)

A. 知道文字具有的意义
B. 图书制作的经验
C. 理解画面和文字与口语有对应关系的经验
D. 翻阅图书的经验

27. “这只大花猫呀,长了一身黄毛,黑色的花一道一道,白色的胡子一翘一翘,看上去真有点儿像老虎呢。”这主要运用了(　　)的修辞方法。

A. 比喻　B. 拟人　C. 摹状　D. 夸张

28. 文学作品学习的首要环节是(　　)文学作品。(常考)

A. 理解体验　B. 传授　C. 迁移　D. 创造

29. 幼儿园文学活动是系列的、网络状的活动,其第二层次是(　　)

A. 理解体验作品
B. 迁移作品经验
C. 学习文学作品
D. 创造性想象和语言表述

4. 简述早期阅读活动设计与实施的步骤。

5. 简述幼儿听说游戏的目标。

6. 简述儿童故事活动过程设计的步骤。

7. 简述儿童故事活动的组织方法及指导要点。

8. 简述谈话活动的基本特征。(易错)

9. 简述讲述活动的基本特征。

10. 简述听说游戏活动的基本特征。（常考）

11. 简述听说游戏活动设计与实施的步骤及指导。

12. 简述学前语言教育活动方法的评价的内容。

13. 简述学前语言教育活动组织形式的评价的内容。

六、论述题

1. 试述学前儿童讲述活动设计与实施的步骤及指导。

综合提升

一、单项选择题

1. 激发幼儿的阅读兴趣，培养良好的阅读习惯可以(　　)

A. 经常抽时间与幼儿一起看图书、讲故事

B. 让幼儿背诵一定数量的诗歌、童谣

C. 幼儿阅读中遇到困难时，立即告诉幼儿答案

D. 只为幼儿提供一定数量的、有趣的童话书

2. 关于谈话活动的作用，下列说法不正确的是(　　)

A. 它能够激发幼儿与他人交谈的兴趣　　B. 它帮助幼儿习得谈话的基本规则

C. 它锻炼幼儿的独白语言　　D. 它增强幼儿通过交流获取信息的意识

3. 学会分辨言语声音和其他声音的区别，获得辨别不同话语声音的感知能力。属于前言语感知能力的(　　)阶段。

A. 辨调水平　　B. 辨音水平　　C. 辨义水平　　D. 辨声水平

4. 在幼儿园语言教育活动中，教师行为的评价主要涉及活动目标的达成程度、活动内容和形式的适合程度、活动内部要素的协调程度和(　　)

A. 效果分析　　B. 儿童与环境的互动

C. 材料利用　　D. 师生互动

5. 2岁的儿童说出“汽车”一词时，既可能是体现情感的功能，表示“我喜欢汽车”，也可能是表象意动的功能，表示“我想玩汽车”，3岁之后，儿童能把自己的想法准确表达出来。这反映出儿童的语法发展是(　　)

A. 从混沌一体到逐步分化　　B. 从简单到复杂

C. 从不完整到完整　　D. 从情境性到连贯性

6. 标志着理解性语言出现的是前语言阶段的儿童进入对语音的(　　)(易混)

A. 辨音水平　　B. 辨调水平　　C. 辨义水平　　D. 辨声水平

7. 教师通过自身语言潜移默化的影响、语言提示、眼神或手势的暗示等手段，引导儿童主动、积极地参与语言活动。这属于(　　)的方法。(易错)

A. 直接指导　　B. 间接指导

C. 环境条件的利用　　D. 直接指导和间接指导相结合

8. 儿童语言的获得不是后天学习的结果，而是生来就具有一个语言学习装置。这种观点的代表人物是(　　)

A. 勒纳伯格　　B. 乔姆斯基　　C. 布鲁纳　　D. 皮亚杰

9. 儿童根据个人对故事语言、情节、人物、主题的理解，在故事即将结束时为故事想象编构一个结局。适合的年龄班是(　　)

A. 小小班　　B. 小班　　C. 中班　　D. 大班

10. 后天环境决定论的语言学习模式认为，语言的本质是(　　)

A. 刺激—反应的联结　　B. 表达意图或意义、受规则制约的符号系统

C. 一种特殊认知能力　　D. 儿童与语言交往环境相互作用的结果

11. (　　)语言学习模式的出现，使人们开始关注语言发展的生理和心理基础，从根本上改变了人们对儿童被动模仿学习语言的看法。

A. 行为主义　　B. 先天论

C. 认知相互作用论　　D. 社会相互作用论

12. 在幼儿的阅读经验中，属于前图书阅读经验的是(　　)(常考)

A. 知道文字有具体的意义　　B. 知道文字与语言的多样性

C. 翻阅图书的经验　　D. 了解书写的最初步规则

13. 学前儿童言语发展的趋势是(　　)

A. 语音知觉发展在先，正确语音发展在后；理解语言发生发展在先，语言表达发生发展在后

B. 语音知觉发展在先，正确语音发展在后；语言表达发生发展在先，理解语言发生发展在后

C. 正确语言发展在先，语音知觉发展在后；理解语言发生发展在先，语言表达发生发展在后

D. 正确语言发展在先，语音知觉发展在后；语言表达发生发展在先，理解语言发生发展在后

14. 帮助幼儿深入理解体验作品内涵时，最重要的是让幼儿切身地感受作品所展示的(　　)

A. 情感心理和精神世界　　B. 语言结构

C. 故事情节　　D. 人物形象

15. 大班的孩子已具备初步的逻辑推理能力，于是王老师经常在上阅读课前，组织大班幼儿“猜书名”，猜的方法多种多样，有时让幼儿在“看图猜测”后猜，有时则在“教师指读”后猜，以帮助幼儿预测故事情节的发展。王老师的做法主要在于培养幼儿的(　　)

A. 假设技能　　B. 观察技能　　C. 概括技能　　D. 预期技能

16. 在《狐狸和乌鸦》的故事中，教师问小朋友：“乌鸦的肉是怎么掉下去的？如果不听狐狸的甜言蜜语，它的肉会不会掉呢？”这种启发幼儿想象的问题属于(　　)

A. 回忆性问题　　B. 体验性问题　　C. 创造性问题　　D. 离散性问题

17. 教师在向幼儿讲述长篇故事时，应该(　　)

A. 不停顿、一口气讲完

B. 设置固定的讲故事时间，时间一到就立即停止讲述

C. 在情节转折或扣人心弦处有意停顿

D. 反反复复讲述，以免幼儿忘记前面的内容

7. 简述3～6岁儿童语法发展的特点。(常考)

8. 简述学前儿童语法教育的途径。

9. 简述学前儿童语言教育的原则。(易错)

10. 简述幼儿学习语言的特点。

六、论述题

1. 试述文学欣赏活动的设计与实施。

2. 试述儿童故事的选材要点。(常考)

七、案例分析题

1. 大班的李老师在阅读区投放了绘本、广告、文字拼图还有纸和笔等。洋洋经常光顾阅读区，一天洋洋说："我要做一本自己的书。"他在纸上画了些线条和圆圈，李老师走过去问需不需要帮他在上面写一些字，洋洋用手指着他画的圆圈说："就写在这里，这个是写给妈妈的话。"李老师就帮他在画圆圈的地方写了字。

(1)结合案例，简述洋洋在阅读与书写准备方面的典型表现。

(2)评析李老师的支持行为及对幼儿阅读与书写准备的意义。

2. 小苏是某幼儿园小班的幼儿，今年4岁，小苏是家里的"小公主"，小苏的奶奶认为小苏年龄还小，不愿让小苏上幼儿园，每次入园前，奶奶都抱着小苏不肯撒手。入园后，小苏要哭好一会儿才平静下来。在与小苏的接触中，陈老师发现小苏生活自理能力相比同班幼儿非常弱，不能独立吃饭，也不和别的小朋友交流。对于老师和小朋友的打招呼，小苏也没有反应，在幼儿园也不说话。在一次课间活动中，别的幼儿都能够排队洗手，只有小苏对老师的要求毫不理会。陈老师跟小苏说："去排队洗手。"小苏既不理会也不做。直到陈老师发现小苏在原地不动，问小苏是不是想上厕所，小苏才点点头。

(1)请结合《指南》中小班幼儿倾听与表达，说说小苏没有做到倾听与表达的哪些目标？

(2)如果你是陈老师，你有哪些教育建议。

4. 简述学前儿童人际交往的培养目标。

5. 简述学前儿童多元文化的培养目标。

知识2 学前儿童社会性发展的主要理论和基本特点

一、单项选择题

1. 在科尔伯格的道德发展阶段论中，寻求认可取向阶段，即"好孩子道德定向阶段"出现在(　　)，在这一阶段，儿童认为凡是取悦于别人，帮助别人以满足他人愿望的行为才是好的，否则就是坏的。(常考)

A. 前习俗道德水平　　B. 中习俗道德水平

C. 后习俗道德水平　　D. 习俗道德水平

2. 精神分析理论认为，新生儿人格结构中唯一的成分是(　　)

A. 伊底　　B. 自我　　C. 他我　　D. 超我

3. "约翰不小心打碎了15个杯子，亨利因为偷吃打碎了1个杯子，问哪个孩子的行为更坏？"根据皮亚杰的理论，处于他律性道德阶段的儿童通常会认为(　　)

A. 约翰更坏，因为他打碎了更多的杯子　　B. 亨利更坏，因为他是偷吃而打碎了杯子

C. 都坏，因为都打碎了杯子　　D. 都不坏，因为杯子不贵

4. (　　)认为依恋是母亲对儿童的亲情投资的结果，是为避免生殖高昂代价"作废"而做的抚养努力的产物。

A. 精神分析理论　　B. 社会学习理论

C. 习性学理论　　D. 社会生物学的"亲情投资理论"

5. 在学前儿童社会性发展的主要理论中，社会学习理论主要的代表人物是(　　)

A. 弗洛伊德　　B. 埃里克森　　C. 班杜拉　　D. 皮亚杰

6. 以下不属于弗洛伊德所划分的儿童心理发展阶段的是(　　)

A. 口唇期　　B. 肛门期　　C. 潜伏期　　D. 发育期

7. 儿童学着黑猫警长的口气教训小朋友，体现了儿童品德发展的(　　)特点。(常考)

A. 模仿性　　B. 他律性　　C. 情境性　　D. 具体性

8. 有一次小东拿了幼儿园的一本绘本回家，妈妈见后并未批评他，慢慢地小东经常拿幼儿园的一些物品回家。根据柯尔伯格的道德发展阶段理论，小东道德发展处于(　　)

A. 前习俗水平　B. 习俗水平　C. 后习俗水平　D. 自律道德阶段

二、多项选择题

1. 下列属于儿童品德发展特点的是(　　)

A. 具体性　B. 他律性　C. 模仿性　D. 情绪性

2. 影响幼儿品德形成的外部条件有(　　)

A. 家庭教育方式　B. 道德认知　C. 社会风气　D. 同伴群体

三、判断题

1. 在社会性学习理论中，模仿由四个子过程组成，其中动机过程是模仿学习的第四个子过程。(　　)

2. 社会领域的教育具有潜移默化的特点，所以教师要经常告诉孩子一些社会规则和品德要求，讲多了，幼儿的社会性品质就得到了发展。(　　)

四、简答题

1. 简述幼儿品德发展的影响因素。

2. 简述科尔伯格儿童品德发展的阶段理论。

知识3 学前社会教育活动的内容与途径

一、单项选择题

1. 选取“清明节”“端午节”等题材作为社会教育的内容。这属于(　　)方面的教育。

A. 自我意识　B. 人际交往　C. 社会环境　D. 社会文化

2. 下列不属于学前儿童社会教育内容选择原则的是(　　)

A. 生活性和适宜性　B. 全面性和基础性

C. 系统性和专门性　D. 时代性和民族性

3. 开展“玩具分享日”“小熊请客”等活动作为社会教育的内容，属于(　　)

A. 自我意识方面的教育　B. 社会环境方面的教育

C. 社会文化方面的教育　D. 人际交往方面的教育

7. 下列不属于学前社会教育一般方法的是(　　)

A. 观察、演示法　　B. 榜样示范法　　C. 行为练习法　　D. 强化评价法

8. 在目前的学前教育实践中，有时会出现这样的问题：老师在幼儿园教育孩子要懂得分享、合作、谦让等，但是有些家长却告诉孩子喜欢的玩具可以占为己有……在很多方面，家长的观念与教师的观念有很大差异，这违背了学前社会教育的(　　)原则。(常考)

A. 行为实践　　B. 一致性　　C. 榜样作用　　D. 情感支持性

9. 在日常教育中，幼儿教师在运用干预攻击性行为常用方法中的(　　)时，会提醒幼儿向那些能够做出合作、分享和助人行为的幼儿学习，并用动画片、故事中的英雄形象鼓励幼儿，促使他们认可并接受良好的社会行为。(常考)

A. 强化法　　B. 角色扮演法

C. 榜样示范法　　D. 转移注意法

10. 教师看到一个学前儿童将剪纸的废纸丢在地上，对他说："这里有一个纸篓，我们把剪下来的纸丢在里面！"这体现了学前儿童社会教育原则中的(　　)

A. 正面教育原则　　B. 情感支持原则

C. 环境熏陶原则　　D. 一贯性原则

11. 王老师要求幼儿见到他人要主动问好，而王老师自己却没有做到。这说明王老师没有贯彻社会教育的(　　)

A. 活动性原则　　B. 适宜性原则　　C. 一致性原则　　D. 强化性原则

12. 下列选项中不属于讨论法的优点的是(　　)

A. 能在一定时间内增加儿童口头表达自己认识的活动机会

B. 在与教师、同伴的讨论中，儿童的认识得以深化，情感能够自然流露出来

C. 可以使儿童在较短的时间内获得较多的知识

D. 有利于儿童在分析、比较各种意见中，提高独立思考的能力、分析问题、解决问题的能力和口头表达能力

13. 教师通过与儿童的交谈引起儿童的思考，在相互的交流中不知不觉让儿童进行内省与价值评价的方法是(　　)

A. 价值表决法　　B. 澄清应答法

C. 价值排队法　　D. 展示自我法

14. 活动室区域布置合理，材料摆放有序，幼儿能自主选区并愉快游戏。这体现的教育方法是(　　)

A. 环境熏陶法　　B. 移情训练法　　C. 榜样示范法　　D. 价值澄清法

二、判断题

1. 幼儿园园内教师间在对待幼儿的社会性发展上都应持有一致的观念，体现了学前社会教育的一致性原则。　　(　　)

2. 谈话法可以充分调动儿童学习的积极性、主动性，能够引起儿童的认识兴趣，在社会教育中宜单独使用。(常考)　(　)

3. 学前儿童社会学习是随机的和无意的，社会学习无处不在，无时不有。　(　)

4. 幼儿教师在运用讲解法时要注意讲解的直观形象性。　(　)

三、填空题

1. ________是指教师在与幼儿的日常交往中，积极地建立双向接纳和爱的情感联系，并在教育过程中有意识地以积极的社会性情感感染、激发幼儿的社会性情感。

2. ________是指教师在幼儿社会性教育中，不仅要重视向幼儿传递社会认知观念、技能、知识，而且必须为幼儿提供大量实践的机会，并对其行为实践进行指导。

3. ________是幼儿园教育的最基本原则。

4. 价值澄清法的教育方法包括________、________、________、________。

四、名词解释

1. 行为练习法(易错)

2. 讲解法

3. 随机教育原则

4. 讨论法

5. 观察、演示法

6. 陶冶熏陶法

7. 共情训练法

3. 问卷调查法

4. 情境测验法(常考)

四、简答题

1. 简述学前儿童社会环境和社会规范认知教育活动设计与组织的基本策略。

2. 简述学前儿童多元文化教育活动的设计与组织的基本策略。

综合提升

一、单项选择题

1. 在回答“海因茨偷药”的两难问题时,红红认为海因茨“爱自己的妻子”,为了“挽救一个生命”,偷药是有理由的。药剂师太贪婪,不管别人死活,应该去坐牢。说明红红的道德属于(　　)

A. 以服从与惩罚为取向　　B. 以工具性目的为取向

C. 以“好孩子”为取向　　D. 以维护社会秩序为取向

2. 儿童对道德规则的认知和实践服从于父母和老师等权威人物,体现了幼儿品德发展的(　　)特点。

A. 具体性　　B. 情境性　　C. 他律性　　D. 模仿性

3. 下列不属于小班社会教育目标的是(　　)

A. 引导儿童逐步熟悉集体生活环境,认识集体中的同伴与成人,初步了解他们与自己的关系,使儿童初步适应集体生活

B. 使儿童保持愉快的情绪,不爱哭、不怕生,愿意与他人交往,鼓励儿童积极参与集体生活

C. 引导儿童初步掌握日常生活中常用的礼貌用语,使儿童能初步有礼貌地同他人交往,见了老师和长辈会问好

D. 使儿童能初步了解自己与他人的情绪,初步懂得同情和关心他人

4. 有些幼儿看多了电视上的打打杀杀镜头,很容易增加其以后的攻击性行为。因此,影响幼儿攻击性行为的因素主要是(　　)(常考)

A. 挫折　　B. 榜样　　C. 强化　　D. 惩罚

5. 幼儿缺乏宽容、接纳伙伴的态度是由于(　　)

A. 缺乏独立生活的能力　　B. 缺乏完成任务的能力

C. 缺乏人际交往的能力　　D. 缺乏执行规则的能力

二、多项选择题

1. 学前社会教育活动评价需要遵循的原则包括(　　)

A. 针对性原则　　B. 过程性原则

C. 全面性原则　　D. 科学性原则

2. 学前社会教育常选用的教育活动形式包括(　　)

A. 参观　　B. 社会实践　　C. 谈话　　D. 游戏

三、判断题

1. 学前社会教育活动是幼儿园对学前儿童进行社会教育的主要途径。(　　)

2. 他评是指教师在活动后总结活动进展过程中的优点,并反思活动进展过程中存在的问题以及改进的方法。(常考)(　　)

专题五　学前科学教育

命题分析

本专题主要以单项选择题、判断题、简答题等形式进行考查。本专题对考生的识记和理解能力要求较高，约占试卷总分值的15%。本专题需要重点掌握的知识包括：

1. 理解学前科学教育的内涵及特性，掌握学前科学教育目标的层次结构、学前儿童学习科学的要素。

2. 理解学前科学教育的具体内容以及内容选择的依据和要求，掌握学前科学教育的方法和实施形式。

3. 理解学前科学教育的有关理论，识记学前儿童科学学习的特点和学前儿童科学教育的原则。

4. 掌握不同类型学前科学教育活动的设计与组织策略。

5. 了解学前儿童学习数学的心理特点，掌握学前数学教育的目标，识记学前数学教育的途径与方法。

6. 掌握学前数学教育的设计与指导，能对学前儿童科学教育活动进行适当的评价。

基础过关

知识1　学前科学教育概述及目标

一、单项选择题

1. 教师把孩子带到郊外，启发他们收集各种小石块，然后回到幼儿园，让孩子向同伴介绍自己收集的石头，互相交流，并进行各种分类、制作活动。活动过程中，孩子不仅认识了各种各样的石头，学习了分类方法，发展了他们的观察能力、思维能力、审美能力，同时还培养了他们探索大自然的兴趣和热爱大自然的情感。教师的这种做法是对幼儿实施的(　　)

A. 科学教育　　B. 社会教育

C. 艺术教育　　D. 数学教育

2. 下列有关科学的说法不正确的是(　　)

A. 科学以改造自然为目的　　B. 科学回答“是什么”“为什么”的问题

C. 科学是探索的过程　　D. 科学是将个别现象上升到一般原理

3. 在儿童学科学诸要素中，处于核心地位的要素是(　　)

A. 探索态度　　B. 探索对象　　C. 探索过程　　D. 探索结果

4. 幼儿科学探究的正确步骤是(　　)

A. 问题—猜测—实验—结论—交流　　B. 问题—猜测—实验—交流—结论

C. 交流—问题—猜测—实验—结论　　D. 交流—猜测—问题—实验—结论

5. 关于学前儿童科学教育过程和结果的关系的论述,正确的是(　　)(易错)

A. 过程重要,结果并不重要　　B. 结果重要,过程并不重要

C. 过程和结果是不可兼得的　　D. 过程和结果是统一的

6. 在"沉浮"的活动中,学前儿童在教师指导下能够获得的科学探索结果是(　　)(常考)

A. 物体沉浮的现象　　B. 物体沉浮的原因

C. 浮力的概念　　D. 比重的概念

7. "帮助儿童学习运用简单的工具进行测量的方法",这一目标适合于(　　)

A. 小班　　B. 中班　　C. 大班　　D. 学前班

8. "激发和培养儿童好奇、好问、好探索的态度。"这一目标适合于(　　)

A. 小班　　B. 中班　　C. 大班　　D. 学前班

9. 学前儿童科学教育的目标必须具有年龄层次性,这是因为儿童的发展具有(　　)

A. 整体性　　B. 阶段性　　C. 连续性　　D. 个体差异性

10. 学前科学教育的目标按其层次,可以分解为学前科学教育的总目标、年龄阶段目标、单元目标、(　　)

A. 课程目标　　B. 主题目标　　C. 时间目标　　D. 活动目标

11. "发展儿童的好奇心,引导儿童探究周围生活中常见的自然现象、自然物和人造物,愿意参加制作活动",这一目标适合于(　　)

A. 小班　　B. 中班　　C. 大班　　D. 学前班

12.《幼儿园教育指导纲要(试行)》中明确阐述的幼儿科学教育的总目标不包括(　　)

A. 能运用各种感官,动手动脑,探究问题

B. 能用适当的方式表达、交流探索的过程和结果

C. 对周围的事物、现象感兴趣,有好奇心和求知欲

D. 掌握一定的科学知识

13. 学前儿童科学素养主要应包括三个方面即(　　)(常考)

A. 科学技能的掌握、科学方法的学习、科学情感态度的培养

B. 科学知识的获得、科学方法的学习、科学情感态度的培养

C. 科学概念的理解、科学知识的获得、科学方法的学习

D. 科学技能的掌握、科学概念的理解、科学情感态度的培养

14. (　　)是科学知识的最低的层次。

A. 科学经验　　B. 初级科学概念　　C. 科学方法　　D. 高级科学概念

五、案例分析题

1. 某中班最近的活动主题是“泡泡”。孩子们已经有了很多吹泡泡的经验，而且他们也会用圆形的“吹泡泡器”（实际上就是用铁丝做成的一个环）来帮助自己吹出一个大“泡泡”。这天，老师给儿童提供了几种不同形状的“吹泡泡器”：三角形、方形、半圆形等。她引导儿童讨论：用它们可以吹出什么样的泡泡来呢？大多数孩子都认为，三角形的“吹泡泡器”能吹出三角形的泡泡，方形的能吹出方形的泡泡……接下来是孩子们的实验，出乎意料的是，实验的结果和他们预先猜想的大不相同：吹出来的泡泡都是圆形！“为什么这些吹泡泡器吹出来的都是圆形的呢？”孩子们提出了这样的问题。老师对他们说：“我本来也以为会吹出各种形状的泡泡，没有想到却是这样的结果！我也觉得很奇怪呢！”带着这个奇怪的问题，活动结束了。

你认为这个活动从哪些方面体现了学前儿童科学教育的目标要求？谈谈你的想法。

2. 一位教师在引导学前儿童研究“鸟的本领”时，制定的教育目标是：帮助学前儿童了解鸟的各种本领以及鸟的一些生活习性。可是活动刚刚进行不久，当小朋友看到一本有关鸟和飞机的图书时，忽然对飞机产生了浓厚的兴趣：“飞机这么重怎么能飞？”“飞机的翅膀不会动怎么飞呢？”教师认为这也是一个极好的探索内容，它不仅可以延续人和自然的关系问题——因为飞机就是从鸟的飞行中找到灵感而发明出来的，而且可以进一步发展学前儿童探索问题的能力。于是，就及时地调整了教育目标，提供了玩具飞机、图片、VCD等材料，满足学前儿童探索飞机靠什么起飞、怎么飞的愿望。

通过该案例你认为教师在制定学前儿童科学教育活动目标时应该怎样做？

知识2 学前科学教育的内容、方法与实施形式

一、单项选择题

1. 学前科学教育内容选择的首要要求是(　　)

A. 地方性和季节性　　B. 广泛性和代表性　　C. 科学性和启蒙性　　D. 时代性和民族性

2. 有一个幼儿园为了体现自身教育特色，开展了“探索昆虫”的科学教育活动，在一个学期里，教师让儿童认识了近200种昆虫。这种教育内容选择的不恰当之处在于(　　)

A. 违反了科学性、启蒙性要求　　B. 违反了广泛性、代表性要求

C. 违反了地方性、季节性要求　　D. 违反了时代性、民族性要求

3. 适宜于春季进行的学前儿童科学教育活动的内容是观察(　　)(常考)

A. 雾和霜　　B. 落叶树　　C. 彩虹　　D. 小草

4. 王老师在组织幼儿进行“各种各样的昆虫”科学活动时，幼儿对七星瓢虫产生了浓厚的兴趣，其中有一位孩子问：“王老师，我看到身上有9个斑点的瓢虫，是不是就叫九星瓢虫？”王老师愣了一下，心想这个问题还真不确定，但是她机智地表扬了该幼儿：“你说得很有道理，9个斑点的就叫九星瓢虫啦。”王老师的做法违背了科学活动组织的(　　)

A. 开放性　　B. 趣味性　　C. 活动性　　D. 科学性

5. 在小班中开展“听声音、猜东西”“气味真多”等活动。这类活动主要是让幼儿观察和探索(　　)

A. 说话能力　　B. 自然环境

C. 动手能力　　D. 人体的外部结构、功能

6. 下列适宜于在冬季进行的科学教育活动内容是(　　)

A. 雪　　B. 昆虫　　C. 打雷　　D. 小草

7. 适合学前儿童学习的科学内容是(　　)(常考)

A. 了解风形成的原因

B. 观察并记录不同种类的云和天气变化的关系

C. 观察和探索常见的天气现象：冰、雪、雾、雨等

D. 了解雨的成因

8. 在人为控制条件下，通过操纵变量来观测相应的现象和变化的科学教育方法是(　　)

A. 分类　　B. 观察法　　C. 实验法　　D. 测量法

9. 学前儿童的环保教育不包括(　　)

A. 使儿童知道地球上的水资源是有限的，可以供人们饮用的淡水资源更加有限，懂得保护水资源，节约用水

B. 认识几种珍稀动植物，知道它们数量减少的原因，要懂得爱护野生动植物

C. 了解废弃物不处理对人类的危害，知道废弃物可以分类回收利用，变废为宝

D. 了解“工业三废”的概念及其对人类生存环境造成的危害

知识3 学前科学教育的有关理论和学前儿童科学学习的特点与教育原则

一、单项选择题

1. 图片上画有数个斜度不同的面与玩具小汽车，西西看着这些图片，就准确地表述出车开得快或者慢的情况，这说明西西的认知水平处于(　　)水平的阶段。(易混)

A. 动作表征　　B. 图像表征　　C. 符号表征　　D. 逻辑表征

2. (　　)倡导的“发现学习法”，在教育学上，尤其是对科学教育有着极其显著的影响与贡献。

A. 布鲁纳　　B. 皮亚杰　　C. 布卢姆　　D. 科尔伯格

3. 幼儿在向成人的提问中，不但喜欢问“是什么”，而且还爱问“为什么”。例如，会问：“为什么鸟会飞?”“为什么洗衣机会转动?”还常常会刨根问底，探个究竟。这反映了儿童科学学习具有(　　)的特点。

A. 好奇好问　　B. 积极的求知欲望

C. 表面性和片面性　　D. 自我中心

4. 老师对小朋友说：“在草地上走，会把小草踩疼的。”儿童就信以为真，都不去踩小草了。这反映了儿童科学学习具有(　　)

A. 好奇的特点　　B. 好探索的特点　　C. 自我中心的特点　　D. 好动的特点

5. 关于儿童科学活动的组织形式，错误的看法是(　　)(易错)

A. 集体活动形式不能放弃，而要加以完善　　B. 应以小组活动形式替代集体活动形式

C. 要灵活采用不同的组织形式　　D. 各种组织形式都不要相互排斥

6. 儿童学科学的内在动机和原动力是(　　)

A. 受表扬　　B. 好奇心　　C. 学本领　　D. 活动身体

7. 皮亚杰将知识划分为社会知识、物理知识和(　　)

A. 生命知识　　B. 艺术知识　　C. 逻辑—数理知识　　D. 科学知识

二、判断题

1. 初步理解科学现象中比较内在的、隐蔽的因果关系是中班幼儿学习科学的特点。(　　)

2. 发现学习有利于激发智慧潜力。(　　)

3. “初步理解科学现象中表面的和简单的因果关系”是3～4岁儿童学习科学的特点。(　　)

4. 科学概念与日常概念最大的区别就在于前者具有系统性，而后者缺乏系统性。系统性是儿童在掌握系统知识的过程中得以实现的。(常考)(　　)

5. 维果斯基认为在概念体系的演绎中不断延伸出来的概念是科学概念。(　　)

三、填空题

1. 布鲁纳认为，学习包括三个几乎同时发生的过程：________、________和________。

2. 集体教学的形式来源于教育家夸美纽斯创立的“________”。

3. ________是指学前儿童科学教育要充分利用各种教育资源，并且把这些教育力量整合起来。

四、简答题

1. 简述学前儿童学习科学的一般特点。(常考)

2. 简述3～4岁儿童科学学习的特点。

3. 简述4～5岁儿童科学学习的特点。(易混)

4. 简述5～6岁儿童科学学习的特点。

5. 简述学前儿童科学教育的原则。

6. 简述布鲁纳发展阶段论中概念理解与表征思考的三种方式。

3. 简述学前儿童实验操作型科学教育活动目标的具体要求。

4. 简述学前儿童科学讨论型科学教育活动的价值。

5. 简述技术操作型科学活动的设计原则。(常考)

6. 简述开展技术操作型集中教育活动应注意的问题。

7. 简述观察认识型科学教育活动的设计原则。

8. 简述科学讨论型科学教育活动的组织指导。

五、论述题

试述科学讨论型科学教育活动的设计。

知识5 学前数学教育

一、单项选择题

1. “学习以自身为中心和以客体为中心区分左右，会向左、向右方向运动。”这一数学教育目标适合的年龄班是(　　)

A. 小班　B. 中班　C. 大班　D. 学前班

2. “学习用一一对应的方法比较两组物体的数量，感知多、少和一样多”，这一数学目标适合于(　　)幼儿。(常考)

A. 小班　B. 中班　C. 大班　D. 学前班

3. 学习10以内的序数，这是(　　)的教育目标。

A. 小班　B. 中班　C. 大班　D. 学前班

4. 在分类活动中，小班幼儿往往会把要分的物体和特征标识碰一下。这说明幼儿学习数学(　　)(易错)

A. 最初是通过外部动作进行　B. 具有自我意识

C. 理解数学知识的抽象性质　D. 在头脑中已经形成对事物类的认识

5. 这是一棵大树，那是一棵小树；今天班上有3个小朋友没有来；手帕是正方形的，毛巾是长方形的等。这说明学前数学教育活动内容具有(　　)

A. 启蒙性　B. 生活性　C. 可探索性　D. 系统性

6. 通过儿童的探索和发现，他们获得了这样的经验：用某一物品排队，队列的长短不仅与物品数目多少有关，还与物品本身的体积大小有关。这体现了学前数学教育活动内容的(　　)

A. 可探索性　B. 生活性　C. 系统性　D. 启蒙性

7. 儿童能够数出4个人、4个橘子、4本书，但并不能真正理解“4”的意义，在学习经验不断地积累过后，儿童知道4可以代表任何四个物体。这说明儿童学习数学具有(　　)的特点。

A. 从具体到抽象　B. 从外部动作到内部动作

C. 从不自觉到自觉　D. 从个别到一般

知识6 学前数学教育的设计与指导及学前科学教育活动的评价

一、单项选择题

1. 幼儿可以从一组不同颜色、不同大小和形状的几何图形中，拿出大的、红色的圆形片，说明幼儿已具备了（　　）

A. 多角度分类能力　　B. 比较能力
C. 计数能力　　D. 层级分类能力

2. 儿童最先认识的平面图形是（　　）

A. 圆形　　B. 正方形　　C. 长方形　　D. 三角形

3. 以下选项中，属于小班分类教育要求的是（　　）

A. 按物体的某一特征进行分类　　B. 按物体的数量进行分类
C. 概括物体（或图形）的两个特征　　D. 按两个特征进行分类

4. 以下选项中，不属于中班认识10以内基数教育要求的是（　　）（易混）

A. 会正确点数10以内的实物，并能说出总数
B. 感知和体验10以内相邻两数的数差关系
C. 会10以内数的倒着数
D. 认读阿拉伯数字1～10

5. 在数的组成的教学中，幼儿首先需要的是（　　）（易错）

A. 教师讲解示范　　B. 分合实物的操作经验
C. 形成数的组成的表象　　D. 形成数的组成的概念

6. 能够（　　），这是幼儿计数能力发展的关键。

A. 口头数数　　B. 按物计数　　C. 说出总数　　D. 按数取物

7. 将5朵红花一朵朵地并放在4朵黄花的下面进行比较。幼儿采用的方法是（　　）

A. 并放比较　　B. 连线比较　　C. 重叠比较　　D. 双排比较

8. 某幼儿给一堆玩具分类，第一次按大小分类，第二次按颜色分类，第三次按材料分类。该幼儿的分类是按（　　）（常考）

A. 层级分类　　B. 多角度分类
C. 二维特征分类　　D. 三维特征分类

9. 将4只瓢虫一只只地重叠放在一片片树叶上，以比较它们的数量是相同还是不同。幼儿采用的方法是（　　）

A. 重叠比较　　B. 并放比较　　C. 连线比较　　D. 双排比较

10. 幼儿一般能从1数到10，但一般都像背儿歌似的背诵这些数字，带有顺口溜的性质，并没有形成每一个数词与实物间的一对一的联系，幼儿尚不理解数的实际意义。这属于（　　）

A. 说出总数　　B. 按物计数　　C. 口头数数　　D. 按数取物

11. 两排一样多的苹果一一对应摆放，老师把上面的一排间距拉开，小兵认为上面一排的苹果变多了。这说明小兵还没形成(　　)

A. 形状守恒　　B. 排序守恒　　C. 体积守恒　　D. 数的守恒

12. 教师做好若干"信封"，每个封面上写有一道10以内加减的算式题，再设置10个"信箱"，分别标上1~10的号码。游戏时发给幼儿每人一个信封，让幼儿按信封上算式的得数送到相应号码的"信箱"里。在投递之前先请幼儿念题，并算出正确得数，再将"信封"投到"信箱"中去。这运用的是(　　)

A. 教学游戏法　　B. 书面练习法

C. 感知练习法　　D. 编题练习法

二、多项选择题

1. 排序是幼儿数学教育中的重要内容，排序活动能促进幼儿(　　)思维能力的发展。

A. 守恒性　　B. 可逆性　　C. 传递性　　D. 双重性

2. 教学活动中常见的分类形式包括(　　)

A. 按名称分类　　B. 按物体的两个特征分类

C. 多重角度分类　　D. 层级分类

3. 小班幼儿在数与量的内容上可以表现出(　　)典型行为。

A. 区分1和许多　　B. 区分物体的大小、高矮等

C. 一一对应比较两组物体　　D. 知道5比4多1

三、判断题

1. 4岁以后大多数幼儿都能达到数的守恒。(　　)

2. 5~6岁儿童开始能够根据事物的本质属性，按照客观事物的分类标准进行初步的概括分类。(易混)(　　)

3. 能对同类物体按从矮到高或从高到矮，从宽到窄或从窄到宽的顺序排列是中班幼儿排序的教育目标。(　　)

4. 对幼儿来说，排序比对物体分类要简单一些。(　　)

5. 幼儿最先认识的立方图形是球体。(　　)

6. 在分类过程中理解类与子类、整体与部分的关系是小班的教育内容。(　　)

7. 幼儿认识空间方位，体现出由近及远逐步扩展的趋势。(　　)

四、名词解释

1. 情境观察

11. 下列关于学前儿童科学教育的各种评价中,较多采用非正式评价的是(　　)

A. 诊断性评价　　B. 课程评价　　C. 终结性评价　　D. 形成性评价

二、多项选择题

1. 从观察的对象分,可以把观察分为(　　)

A. 间或性观察　　B. 长期系统性观察

C. 个别物体的观察　　D. 比较性观察

2. 下列适合幼儿园饲养的动物是(　　)(常考)

A. 宠物狗　　B. 蜗牛　　C. 蝌蚪　　D. 金鱼

3. 自然角是指在幼儿园的教室内、廊沿或活动室的一角,供饲养小动物、栽培植物、陈列幼儿收集的生物样本的场地和场所。它对幼儿的特殊作用包括(　　)

A. 能培养幼儿的责任感

B. 能激发幼儿的求知欲和探究热情

C. 能满足幼儿认识周围世界的需要

D. 能树立幼儿的主人翁意识,培养幼儿的劳动习惯

三、判断题

1. 学前科学教育中信息交流的类型,除了运用语言的方式以外,还运用手势、动作、表情及图像记录等非语言方式进行。(易错)　　(　　)

2. 教师对于科学的关心和主动态度可以极大地感染幼儿,促使幼儿好奇心的产生和发展。　　(　　)

3. 学前科学教育的知识目标主要是指让儿童通过活动获取哪些知识,包括不太深奥的生活中不常见的儿童能够理解和接受的知识。　　(　　)

4. 在科学操作活动中,儿童与活动材料之间要进行很亲密的接触,因此,这些活动材料必须保证安全卫生,不会对孩子产生意外的伤害,把儿童的安全放在首位。　　(　　)

四、填空题

1. ________是指个体能够不因物体的外在形状的变化或空间位置的改变而正确地感知物体的数、量、形。

2. ________是评价者对学前儿童在日常生活中、自然状态下的行为进行观察及评价的方式。

五、名词解释

1. 预定性的科学教育活动

2. 问卷调查法

3. 偶发性的科学教育活动(常考)

4. 选择性的科学教育活动

六、简答题

1. 简述学前科学教育评价的意义。

2. 科学教育活动结构的评价应该从哪些方面来进行?

3. 科学教育活动教育资源选择与运用的评价应从哪些方面来进行?

4. 科学教育活动中教师与儿童互动的评价应从哪几个方面进行?

5. 简述中班儿童科学教育活动目标中知识方面的目标。(易错)

专题六　学前艺术教育

命题分析

本专题主要以单项选择题、判断题、填空题、简答题等形式进行考查。本专题对考生的识记和理解能力要求较高,约占试卷总分值的20%。本专题需要重点掌握的知识包括:

1. 理解学前音乐教育的目标,掌握学前音乐教育的特点、学前音乐教育活动的主要类型。
2. 理解学前音乐教育的基本理论,掌握学前儿童音乐能力的发展阶段和特点。
3. 掌握学前音乐主要教育活动的设计与组织策略、学前音乐教育活动的指导方法和评价内容。
4. 理解学前美术教育的内涵,掌握学前美术教育的目标、学前儿童美术教育内容选择的依据、学前美术教育的方法。
5. 掌握学前儿童美术能力的发展阶段与特点、不同类型学前美术活动的设计与组织。

基础过关

知识1 学前音乐教育概述

一、单项选择题

1. 音乐教育的终极目标是(　　)(常考)

A. 音乐感的发展　　B. 学习能力的发展

C. 全面和谐整体的发展　　D. 音乐知识技能的发展

2. 学前儿童音乐教育单元目标分为时间单元和(　　)

A. 主题单元　　B. 空间单元　　C. 活动单元　　D. 目标单元

3. “在有伴奏的情况下,能独立而完整地演唱,并初步学会接唱和对唱”,这是(　　)儿童歌唱目标。

A. 小班　　B. 中班　　C. 大班　　D. 学前班

4. 通过听听、唱唱、动动、玩玩的趣味活动来增强儿童的节奏感,促进儿童动作协调性的发展,从而使幼儿获得愉快的情绪情感体验。这体现了学前儿童音乐(　　)的特点。(常考)

A. 趣味性　　B. 技术性　　C. 形象性　　D. 感染性

5. 学前音乐教育活动的主要类型有歌唱活动、韵律活动、打击乐器演奏活动和(　　)

A. 音乐欣赏活动　　B. 节奏活动　　C. 乐器表演活动　　D. 舞蹈活动

6. 幼儿歌唱的基本形式中,“两个声部按一定间隔先后开始唱同一首歌曲”是(　　)

A. 接唱　　B. 对唱　　C. 轮唱　　D. 合唱

7. “喜欢歌唱,能大胆地、独立地在集体面前进行歌唱表演,并能在集体中尝试用不同的合作表演形式歌唱。”这是(　　)儿童歌唱目标。

A. 小班　　B. 中班　　C. 大班　　D. 学前班

8. 儿童在感受、表现音乐的过程中,最普遍的形式是(　　)

A. 倾听欣赏音乐　　B. 载歌载舞、唱唱跳跳

C. 参与奏乐　　D. 歌唱活动

9. 音乐作为一种独立的艺术,其基本特征之一是(　　)

A. 音乐是时间的艺术　　B. 音乐是视觉的艺术

C. 音乐是语言的艺术　　D. 音乐是空间的艺术

10. 童童的妈妈准备系统地为三岁的童童培养音乐审美能力,音乐审美能力不包括(　　)方面的内容。

A. 音乐美的感受　　B. 音乐美的表达

C. 音乐美的创造　　D. 音乐美的节奏

11. 幼儿歌唱的基本形式中,“两个不同声部相配合的集体演唱”是(　　)

A. 齐唱　　B. 轮唱　　C. 合唱　　D. 对唱

12. 喜欢自己歌唱,也喜欢与同伴一起歌唱,并能注意使自己的歌声与集体相一致,这是(　　)年龄段的歌唱活动的目标。

A. 托班　　B. 小班　　C. 中班　　D. 大班

13. 教师在组织中班幼儿歌唱活动时,合理的做法是(　　)

A. 要求幼儿用胸腹式联合呼吸法唱歌　　B. 鼓励幼儿用最响亮的声音唱歌

C. 鼓励幼儿唱八度以上音域的歌曲　　D. 要求幼儿用自然的声音演唱

二、多项选择题

1. 下列属于中班幼儿韵律活动目标的是(　　)

A. 能跟随音乐的节奏做简单的基本动作、模仿动作和舞蹈动作

B. 学习一些基本的舞蹈动作和集体舞

C. 享受并体验用动作、表情和姿态与他人交流的方法和乐趣,初步尝试用创造性的动作自发地随音乐自由舞蹈的乐趣

D. 能够在动作表演过程中学习使用一些简单的道具

2. 下列属于中班幼儿打击乐演奏活动目标的是(　　)

A. 能够用乐器为二拍子、三拍子、四拍子的歌曲和乐曲配不同的简单伴奏

B. 进一步学会识别指挥开始、结束和变化演奏

C. 能初步尝试部分地参与打击乐演奏配器方案的讨论

D. 能较自觉地遵守集体的打击乐演奏活动中的一些常规,养成爱护乐器的态度和习惯

7. 奥尔夫音乐教育体系的课程内容不包括(　　)

A. 噪音造型　B. 动作造型　C. 想象造型　D. 声音造型

8. (　　)是奥尔夫音乐教育体系的基本核心。(易混)

A. 项目活动　B. 元素性音乐教育思想

C. 节奏第一　D. 集体教学

9. (　　)的教学方法主要是"引导创作法"。

A. 达尔克罗兹音乐教育体系　B. 奥尔夫音乐教育体系

C. 柯达伊音乐教育体系　D. 铃木音乐教育体系

10. 能正确辨认熟悉的音乐作品的情绪、性质,感知作品中细节部分,区别不同类型的作品,这是(　　)幼儿音乐欣赏能力发展的特点。(易错)

A. 小小班　B. 小班　C. 中班　D. 大班

11. 3～4岁儿童歌唱的音域一般为(　　)

A. $e^1 \sim g^1$　B. $d^1 \sim b^1$　C. $c^1 \sim a^1$　D. $c^1 \sim b^1$

12. 幼儿最容易掌握的音乐要素是(　　)(易混)

A. 歌词　B. 旋律　C. 音高　D. 速度

13. 音乐教育体系中提倡"儿童自然发展法"的人是(　　)

A. 柯达伊　B. 奥尔夫　C. 达尔克罗兹　D. 铃木

14. 幼儿音乐能力主要包括(　　)

A. 感受与表达能力　B. 思维与探索能力

C. 平衡和协调能力　D. 分享和交流能力

15. 幼儿的动作可以和音乐完全一致是在(　　)

A. 1～2岁　B. 2～3岁　C. 3～4岁　D. 5～6岁

二、多项选择题

1. 卡巴列夫斯基的"三个支柱"指的是(　　)

A. 歌唱　B. 舞蹈　C. 进行曲　D. 律动

2. 在柯达伊的音乐教育体系中,给儿童所选的教材来自(　　)

A. 真正的儿童游戏和儿歌　B. 真正的民间音乐

C. 名作曲家创作的音乐　D. 儿童感兴趣的音乐

三、判断题

1. 教师在音乐学习的过程中安排、体现的是探索—模仿—即兴—创造的四步环节。(常考)　(　　)

2. 为儿童选择的歌曲,其歌词应是有趣、易记且能为儿童所熟悉的。(易错)　(　　)

3. 认为才能是通过后天的有效教育发展起来的,为儿童提供优良的教育环境是才能发展的第一个必要条件的音乐教育家是柯达伊。　(　　)

4. 幼儿学习一首歌曲时,首先学会的是歌词,然后学会旋律,最后学会节奏。　(　　)

四、名词解释

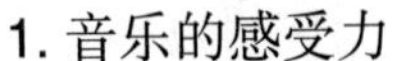

1. 音乐的感受力

2. 音乐的表现力

五、简答题

1. 简述奥尔夫音乐教育体系的基本内容。（常考）

2. 简述铃木音乐教育体系的基本思想。

3. 简述铃木教学法在教学过程中的步骤。

4. 简述幼儿歌曲学习的一般过程的四个阶段。

22. 整体教唱法是指老师完整地、有表情地、一遍一遍地重复演唱歌曲，幼儿从头至尾、一遍遍地反复跟唱。关于该方法的优缺点，下列说法错误的是(　　)

A. 可以保全整首歌曲的意义、情绪和形象的完整性

B. 利于幼儿注意力集中地观察、倾听和模仿

C. 幼儿对于歌曲细节的把握可能比较粗糙

D. 能使幼儿的记忆、思维、想象等心理活动始终处于积极的状态

23. 下面不属于音乐活动有效示范特征的是(　　)

A. 时效性　　B. 反思性　　C. 目的性　　D. 准确性

24. 在学前音乐教育活动中，教师运用角色变化的方法主要有(　　)

A. 参与、退出　　B. 讲解、示范　　C. 示范、演示　　D. 示范、反馈

二、判断题

1. 基本动作组合是指以模仿动作为主的韵律动作组合。(　　)

2. 5～6岁儿童适合学习进退步、溜冰步、跑马步、秧歌十字步等。(常考)(　　)

3. 韵律活动能力的发展主要包括身体运动能力、合作性和创造性三个方面。(　　)

4. 一般来说，为4～6岁幼儿选择歌曲时，以2拍子和4拍子为主，可以开始较多地选择3拍子甚至6拍子的歌曲。(　　)

5. 培养幼儿演奏打击乐的能力时，身体动作的参与是帮助幼儿感知、表现节奏的最直接的手段。(　　)

三、填空题

1. ________主要适应于歌词内容所表现的是可以“一目了然”的情境或事件的歌曲。

2. ________主要是指教师用操作各种直观教具的方法向儿童提供活动的范例。

3. 音乐欣赏能力包括倾听、理解、创造性地表达和________等四个方面。

4. 音乐欣赏的辅助材料一般有：动作材料、语言材料、________三种。

5. ________是儿童必须具备的一个非常重要的基本技能。它是对儿童实施音乐教育的基本出发点，也是开展音乐欣赏的前提和基础。

6. 幼儿园音乐欣赏教学的导入方法包括从完整作品开始、从作品的某个部分开始、________。

7. 在音乐欣赏活动中，________的考虑应侧重于帮助儿童增强对音乐的感知和体验。

四、名词解释

1. 审美性原则

2. 渗透性的音乐教育活动

3. 模仿动作

4. 专门的音乐教育活动

五、简答题

1. 简述为学前儿童选择歌曲的曲调特点。

2. 简述学前音乐教育活动设计的原则。(常考)

3. 简述幼儿园韵律活动的导入方式。

4. 简述发展儿童音乐欣赏能力的方法。

5. 简述学前音乐教育韵律活动中发展儿童动作随乐性的方法。

2. 简述大班(5～6岁)儿童手工活动的目标。

3. 简述小班(3～4岁)儿童手工活动的目标。

4. 简述中班(4～5岁)儿童欣赏活动的目标。(易错)

5. 简述学前美术教育总目标中的技能目标。

6. 简述开展学前儿童美术教育活动应注意的问题。

五、案例分析题

案例一

背景:在一次绘画教学活动中,教师在猫脸的左右两边各画了对称的四根胡子。一男孩叫道:“老师,猫的胡子不是这样画的,猫的胡子是长在鼻子上的!”

教师:“嗯,我画错了吗?”老师愣了一下。

男孩:“不是这样画的,是长在鼻子上的。”

教师:“我看到的好像是长在脸上的,等会儿我们去看看好吗?”

男孩:“是长在鼻子上,好吧。”

结果:参加本次教学活动的所有孩子画的猫,胡子都是长在鼻子上的。

案例二

一次幼儿园大班绘画教学活动的幼儿操作环节,孩子们都在认真地作画。

一个男孩抬头看了一下对面女孩的画说:“画得这么难看!”女孩说:“你画得才难看。”相视一笑又继续作画,教师听到了严厉地说:“不要管人家!”两个孩子听了赶紧把头低下。

请分别就上述两个案例完成以下两个问题:

(1)就教师在美术活动不同教学环节中对幼儿的回应做出评析。

(2)就美术教学活动中教师与幼儿、幼儿与幼儿之间的言语互动价值以及操作策略谈谈自己的看法。

知识6 学前美术教育活动的设计与组织

一、单项选择题

1. 命题画可分为物体画和(　　)

A. 简笔画　　B. 写生画　　C. 情节画　　D. 临摹画

2. 对幼儿园泥工活动的指导中,(　　)行为是正确的。

A. 泥工活动安排在一年四季都是非常适宜的

B. 泥工的技能比较难,因此应该手把手地教孩子

C. 让孩子在创造活动中探索泥工塑造的基本规律

D. 当儿童做完泥工后,把儿童作品用的泥立即重新和在一起

3. 评价幼儿的意愿画作品时,要以儿童的(　　)为首要目的。

A. 形象性　　B. 创造性　　C. 逻辑性　　D. 发展性

4. 儿童可以通过教师的指导帮助而掌握的简单装饰画技能不包括(　　)

A. 绘制简单花纹图案的技能　　B. 排列花纹和找位置的技能

C. 自由表达自己意愿的技能　　D. 使用色彩的技能

5. 指导儿童美术欣赏最基本的教学方法是(　　)(常考)

A. 对话法　　B. 游戏法　　C. 比较法　　D. 体验法

6. 学前儿童美术欣赏的对象可分为美术作品、(　　)和周围环境中的美好事物三大类。

A. 自然景观　　B. 人文景观　　C. 雕塑作品　　D. 实用工艺

7. 下列关于幼儿园泥工活动的说法,不正确的是(　　)

A. 小班儿童泥工活动的内容主要是认识泥工的简单工具和材料,知道其名称,知道泥的性质是柔软的、可塑的

B. 教师在评价儿童的泥工作品时不应把重点放在追求作品的精确与细致上,而应注重儿童泥工操作的过程及作品整体的稚拙感

C. 泥工活动安排在一年四季都是非常适宜的

D. 大班儿童在泥工活动中,应学会使用简单的工具和辅助材料塑造某些细节部分,学会塑造人物、动物的主要特征和动作,表现出主要的情节

8. 学前儿童手工活动包括泥工、纸工和(　　)(易错)

A. 雕塑　　B. 装饰　　C. 废旧材料制作　　D. 剪裁

9. 教师问:“请看一看,画面上使用了哪些线条?”该问题适用于幼儿美术欣赏活动指导过程中的(　　)

A. 描述阶段　　B. 形式分析阶段

C. 解释阶段　　D. 评价阶段

10. 教师问:“你看到了什么?”该问题适用于幼儿美术欣赏活动指导过程中的(　　)

A. 描述阶段　　B. 形式分析阶段　　C. 解释阶段　　D. 评价阶段

11. 下列选项中,不属于为儿童选择美术欣赏作品时应遵循的原则的是( )

A. 经典性原则 B. 差异性原则 C. 逻辑性原则 D. 题材的多样性原则

12. 儿童自己独立地确定绘画的具体内容、形式和表现方法,教师协助他们完成的绘画形式是( )

A. 装饰画 B. 意愿画 C. 临摹画 D. 命题画

13. 儿童纸工活动的主要内容包括折纸、剪纸、撕纸和( )

A. 添画 B. 粘贴 C. 揉纸 D. 涂色

14. 下列关于幼儿园美术欣赏活动的指导,不正确的是( )

A. 教师应根据儿童的兴趣、经验和接受能力,在众多的美术作品中认真比较和鉴别,选择符合儿童年龄特点的美术作品

B. 教师可以根据个人的欣赏趣味,为儿童选择美术欣赏作品

C. 作品的选择应注意复制品的印刷质量尽可能与原作接近,并且画幅尽可能大一些,以便让儿童能清楚地看到

D. 在美术欣赏活动中,教师要激发儿童积极参与审美活动的主动性

15. 在儿童美术欣赏进入形式分析阶段时,主要分析( )

A. 作品的内容 B. 作品的题目

C. 作品的造型、色彩 D. 作品的时代背景

16. 粘贴、剪贴、撕贴、剪纸等形式属于( )

A. 实用性手工活动 B. 科技性手工活动

C. 平面手工活动 D. 立体手工活动

17. 儿童将个别物体与其他物体相配合,表达一定的情节的绘画形式属于( )

A. 物体画 B. 图案画 C. 意愿画 D. 情节画

二、判断题

1. 小班的折纸课题大多是用单张纸进行简单的平面折叠。(易混) ( )

2. 为小班儿童设计泥工活动课题是塑造出比较复杂的物体形象,能表现出物体的基本部分和主要特征。 ( )

3. 幼儿园手工活动的材料应该丰富多变。 ( )

4. 指导学前儿童评价重点宜放在对作品的审美判断以及揭示作品的寓意性方面。 ( )

5. 情节画活动有助于提高儿童绘画的基本技能,对培养儿童绘画的目的性、计划性,培养儿童构图、布局的能力,促进儿童思维综合性和表达能力的发展,具有特别重要的意义。 ( )

三、填空题

1. ________是教师帮助儿童在充分了解、体会某一物体的形象、色彩、结构、性质等的基础上,以绘画方式对该物体进行表达、表现的活动。

2. 幼儿园绘画活动的类型有物体画、情节画和________。

综合提升

一、单项选择题

1.(　　)是美术门类中最主要的一种形式,其应用最为广泛,适合幼儿欣赏的该门类作品,特别是大师的经典作品,是学前儿童美术欣赏教育活动可以选择的主要内容。

A. 雕塑　　B. 建筑　　C. 绘画　　D. 书法

2. 一般来讲,适合4~5岁幼儿演唱的歌曲的音域为(　　)(易错)

A. $e^1 \sim g^1$　　B. $d^1 \sim b^1$　　C. $d^1 \sim a^1$　　D. $c^1 \sim b^1$

3. 一个孩子用废纸盒做了一个小汽车,起于他那小小心灵中的一个愿望,当孩子把废纸盒中的方形同汽车的外形等同起来的时候,他已将两者都做了相当抽象,而后他考虑还需什么材料和工具去完成他的设想。他动手修剪那个盒子,又经历了一个紧张思考和操作的过程,最后,那个废纸盒完全改观了,出现了一个汽车样子的物体。这主要体现了艺术创造在儿童发展中的(　　)的作用。

A. 发展多种心理能力　　B. 保障身心健康

C. 审美　　D. 提高动手能力

4. 舒特—戴森归纳的0~17岁儿童音乐能力发展的一般特点中,以下描述错误的是(　　)

A. 1~2岁儿童能自发地、本能地"创作"并唱歌

B. 2~3岁儿童开始模仿唱出听到的歌曲片段

C. 3~4岁儿童能感知旋律轮廓,可以培养绝对音高

D. 4~5岁儿童能从简单的旋律或节奏模式中辨认出相同的部分

5. 综合性的音乐教育活动是帮助儿童自然而然地进入音乐天地的一个重要条件。唱歌、跳舞、奏乐、演戏、玩耍的综合一体是(　　)

A. 形式上的综合　　B. 目的上的综合　　C. 过程上的综合　　D. 内容上的综合

6. 在打击乐器演奏活动中,适用于主要声部创编导入的作品特点是(　　)(易混)

A. 原配器创作比较复杂、精美完善

B. 原设计比较单纯,可以让儿童有更多创造表达机会

C. 本身含有主次两个部分,其主要部分本身比较复杂、精美、完善

D. 本身含有主次两个部分,其主要部分比较单纯

7. 下列在打击乐教学中,为发展幼儿的节奏感和肢体感而采取的做法中,错误的是(　　)

A. 选择节奏明晰的伴奏音乐

B. 引导幼儿倾听声部之间的相互关系

C. 教给有关的演奏技能

D. 创造适度紧张、态度认真、注意集中的演奏气氛

8. 关于学前儿童音乐教育,以下说法错误的是(　　)

A. 幼儿唱歌时吐字清晰要比说话、念儿歌更为困难

B. 为幼儿学过的歌曲增编新的歌词不利于幼儿熟悉旋律与掌握音准

C. 培养幼儿的歌唱正确、准确、富有表情是幼儿园唱歌的一般要求

D. 帮助幼儿增加对歌曲的理解可提高歌唱的表现力

9. 喜欢歌唱,能大胆、独立地在集体面前进行歌唱表演,并能在集体教学中尝试用不同的合作表演形式歌唱是(　　)幼儿音乐教育的目标。

A. 小班　　B. 中班　　C. 大班　　D. 学前班

10. 以下关于儿童音乐节奏能力发展的表述,正确的是(　　)

①儿童的节奏感和节奏技能是随着年龄的增长而提高的

②为3岁以前的儿童所选歌曲的节拍,最好以2拍子和4拍子为主

③为5岁前儿童选择歌曲,应以二分音符、四分音符、八分音符为主

④为4~6岁儿童选择歌曲时,可以选择含有少量的十六分音符,但不可以出现含有切分音符的节奏

A. ①②　　B. ③④　　C. ①④　　D. ②③

11. 美术作为艺术的一种,它的基本表现方法是(　　),即创造某种具体可视之物代表与之同形的另一事物或情感,这点也是幼儿思维的典型特点。

A. 象征　　B. 抽象　　C. 形式　　D. 灵动

12. 在我国幼儿园的美术教学实践中,最常见的方法是教师在黑板上画一幅范画,让孩子临摹下来。这种方法(　　)

A. 能够使儿童很快地学会画画,画得较像

B. 限制了儿童的创造力,将艺术的真正内涵排除在美术教育之外

C. 能够培养儿童画画的兴趣

D. 很好,因为教师肯定比儿童画得更好

13. 俄罗斯学者巴尔坎的研究表明,要读懂儿童的绘画,可以关注儿童作画的顺序、形象的大小、人物关系、细部处理和(　　)

A. 图画的结构　　B. 图画的色彩

C. 图画的美感　　D. 图画的风格

14. 下列属于具体表达的是(　　)

A. 谈话　　B. 朗诵　　C. 绘画　　D. 讲述

二、多项选择题

1. 为学前儿童选择歌曲应该兼顾(　　)

A. 节奏　　B. 音准　　C. 歌词　　D. 音域

5. 简述儿童美术欣赏活动的指导。

6. 简述学前儿童美术作品评价的指导思想。

7. 简述教师在儿童美术欣赏教学中可采用的方法。

七、论述题

1. 试述儿童美术欣赏过程中各阶段的指导。

2. 试述引导儿童进行泥工活动时，教师应注意的问题。

八、案例分析题

1. 容容(2岁6个月)用手从一大团橡皮泥上拽了一小块,放在手心里搓,不一会儿就变成了一长条,她继续搓着,长条断了。她又拽了一块,还是那样搓,搓着搓着又断了,桌上已经有了好几段长条。容容把这些长条放在一起,东张西望。

教师坐到容容的旁边,也拽了一块橡皮泥开始搓。容容看到教师来玩,显得很高兴。教师先搓了一长条,然后说:“我要变戏法了。”把长条的两头接起来。容容说:“变成圈圈了。”教师又把圈圈交叉成8字形。容容说:“两个圈圈。”接着教师又变了一个花样,容容高兴地说:“一只小鸟。”教师离开时,问容容:“你会变吗?”容容又开始搓长条了,这次她在长条的基础上变起了花样。一会儿说是虫,一会儿说是娃娃,一会儿说是奶瓶,还变了个苹果。尽管看上去四不像,但是她很得意。

请根据上述案例,分析、评价该教师的指导行为。

2. 以下是某老师开展“小青蛙唱歌”歌唱活动的片段。

“小青蛙们,大家互相打个招呼吧!”“妈妈先来跟你们打个招呼!”“呱呱! 呱呱!”老师提示幼儿用不同的速度和节奏表现青蛙的叫声。

“小青蛙们,你们怎样向池塘里的新朋友介绍自己呢? 说说自己长什么样?”老师清唱:“青蛙青蛙大嘴巴,唱起歌来呱呱呱呱……”引导幼儿理解歌词并能用自己的动作表现。

“我们练好本领用好听的歌声介绍自己。”老师提示幼儿听琴声,根据节奏快慢、音量大小歌唱。

“许多小动物们也来了,每个小青蛙找一个好朋友,用歌声向它们介绍自己吧。”

小青蛙一边游一边跟着琴声用好听的声音歌唱,琴声停止,小青蛙躲进水底。

(1)分析教师组织该歌唱活动的优点。

(2)简述组织这类歌唱活动应注意的问题。

4. 根据中班幼儿的年龄特点，设计一个健康教育活动，要求写出活动目标、活动准备以及活动过程。

附儿歌：

刷牙歌

我刷我刷我刷刷刷，
我刷我刷我刷刷刷。
我上上下下，我前前后后，
我仔仔细细，我轻轻柔柔，
我快快乐乐，睡前起床，
三餐饭后，刷牙漱口，
因为牙齿是我的好朋友。
好吃的东西真多，
稀里哗啦通通塞入口，
最怕是满嘴的蛀虫，
什么好糖也都咬不动。
嘿嘿嘿嘿，
你的牙齿有一个大窟窿，
嘿嘿嘿嘿。

5. 根据大班幼儿的年龄特点，设计一个关于“传染病”的健康教育活动，要求写出活动目标、活动准备以及活动过程。

知识2 语言

1. 根据大班幼儿年龄阶段目标，设计一个关于“身边常用的工具”的语言活动。要求写出活动目标、活动准备以及活动过程。

2. 根据中班幼儿年龄阶段的特点，设计一个关于“娃娃”的讲述活动，要求写出活动目标、活动准备以及活动过程。

3. 根据小班幼儿年龄阶段的特点，设计一个《山上有个木头人》的听说游戏活动，要求写出活动目标、活动准备以及活动过程。

附游戏儿歌：

山上有个木头人

山，山，山，山上有个木头人。

三，三，三，3个好玩的木头人。

不许说话，不许动。

8. 根据大班幼儿身心发展的特点，设计一个关于“秋天的颜色”的集体教学活动。要求写出活动目标、活动准备以及活动过程。

附诗歌：

秋天的颜色

秋天是一幅美丽的图画，美在哪儿呢？我乘上一片落叶做的小船，要去看看美丽的秋天。

一阵秋风吹来，我感到凉悠悠的，呀！秋天还送来一阵阵的香味，我看到秋天里有许许多多的颜色，真美！那秋天到底是什么颜色呢？

我问小草，小草轻轻地告诉我：“秋天是黄色的。”

我问枫叶，枫叶沙沙地告诉我：“秋天是红色的。”

我问菊花，菊花悄悄地告诉我：“秋天是白色的。”

我问松树，松树大声地告诉我：“秋天是绿色的。”

我问大地，大地骄傲地告诉我：“秋天是绚丽多彩的。”

啊！我终于明白了秋天美丽的颜色。

9. 根据大班幼儿的身心发展特点，组织一个关于《蒸笼》的绕口令的语言活动。要求写出活动目标、活动准备、活动过程。

附绕口令：

蒸　笼

我做蒸笼，你做灯笼，他做鸡笼。
做蒸笼的不做灯笼和鸡笼，
做灯笼的不做鸡笼和蒸笼，
做鸡笼的不做蒸笼和灯笼。

10. 根据小班幼儿的身心发展特点，组织一个关于《睡觉》的语言教育活动。要求写出活动目标、活动准备、活动过程。

附故事：

睡　觉

晚上，天都黑了，星星出来了，月亮也出来了，舒服的大床上一个人也没有。

啪嗒啪嗒啪嗒，小娃娃来了，嘟，钻进了被窝。哇，床上真舒服啊！

啪嗒啪嗒啪嗒，小猪来了，嘟，钻进了被窝。哇，床上真舒服啊！

啪嗒啪嗒啪嗒，小羊来了，嘟，钻进了被窝。哇，床上真舒服啊！

啪嗒啪嗒啪嗒，小白兔来了，嘟，钻进了被窝。哇，床上真舒服啊！

小娃娃、小猪、小羊、小白兔睡在一张大床上，盖着一个大被子，大家睡在一起真暖和啊！

3. 根据中班幼儿的身心发展特点，设计一个有关“分享”的社会教育活动。要求写出活动目标、活动准备、活动过程。

4. 大班下学期，老师发现幼儿普遍对小学的学习生活不够了解，一些幼儿对上小学有些担心。结合孩子的经验，请设计一个关于“我上小学啦”的社会教育活动。要求写出活动目标、活动准备以及活动过程。

5. 根据中班幼儿的身心发展特点，组织一个关于“幼儿输赢”的社会活动。要求写出活动设计意图、活动目标、活动准备、活动过程。

附故事：

输了也不哭

小明和妈妈下棋，他赢了就笑得合不拢嘴，要是输了，就会跺着脚大哭。妈妈只好说：“我不玩了，你一个人下吧！”

小明摆好棋子，对自己说：“红的棋子是我的，黑的棋子是妈妈的。”红子儿遇见黑的就吃，追得黑子儿没处逃。如果黑子儿追上了红子儿，小明就悔棋，重走，反正不让红子儿吃亏。一会儿，小明就赢了。他又拍手又跳：“妈妈输喽！”这样连赢了三盘，小明再也不想一个人下了，他觉得这样赢真没意思。

小明去求妈妈：“还是我们一起来下吧！”“输了哭不哭？”妈妈问。“保证不哭！”小明真的不哭了。不过他要是输了棋，脸还是涨得红红的，还是想哭。他还嘟着嘴说：“再下一盘，反正我不哭！”

6. 根据大班幼儿是身心发展特点，组织一个关于交通标志的社会教育活动。要求写出活动目标、活动准备、活动过程。

附故事：

乡下老鼠进城

有一只乡下老鼠新买了一辆小轿车，他整天开着它东逛逛西玩玩的，有一天在路上，他听见松鼠们在议论城里的公园可漂亮了：有成排的大树，五颜六色的鲜花，穿梭的人群，迷人的音乐会，还有香甜的蛋糕和诱人的饮料……他就想到城里的公园去看看了。

于是，乡下老鼠开着小轿车进城了。

城里的一切让乡下老鼠看得眼花缭乱：马路上各种车子开得飞快，人们在马路中间穿来穿去，喇叭不停地响，车子不停地动，城里的路上还挂着各种各样不同的标志。

乡下老鼠想：我到底应该走哪条路才能到公园呢？算了，我就随便走一条吧！想到这，乡下老鼠也开着车向公园的方向走去了。

他刚驶入一条路口，就被一名交警给拦下了，"什么事？"乡下老鼠问，"小老鼠，你违反了交通规则，这条路禁止汽车驶入。"交警指着告示牌说："你应该罚款5元。"小老鼠交了钱，又从原路退回，继续往前开，可一会儿又被交警拦下了，"又怎么了？"小老鼠又纳闷了，"小老鼠，你闯红灯了，这是提醒你注意信号灯的标志，你怎么没注意看标志呢？罚款5元。"又被罚了5元，小老鼠继续往前行，他提醒自己，这次我要注意看信号指示了。"咦，这是什么标志呢？噢！叫人不要带小号的，幸亏我没带。"小老鼠继续往前行，前面有人，"嘀……"小老鼠按了下喇叭，又被罚款了，原来刚才那标志是禁止鸣喇叭的。

一路上，小老鼠因为不认识城里的各种马路标志，一直被警察罚款。到了公园门口，小老鼠的钱都被罚光了，没钱买票，乡下老鼠抱怨了："唉！城里的规定真多，路上到处是标志，可我又不懂，到处被交警罚款，钱都被罚光了，现在没钱上公园了。"

"噢！是这样子的呀，城里人多，车多，有了那些标志才能使人、车各行其道，走得又快又安全呀。"公园管理员说。

"可是我都不认识，怎么办呢？"

"这样吧，我们城里幼儿园的小朋友可厉害了，都认识这些标志的，让他们教你吧！"

公园管理员带着小老鼠来到了幼儿园。

5. 结合幼儿身心发展的特点，请设计一个关于“数的守恒”的中班儿童数学活动。要求：写出活动目标、活动准备和活动过程。

6. 结合幼儿身心发展的特点，请设计一个关于“测量”的大班儿童数学活动。要求：写出活动目标、活动准备和活动过程。

7. 结合幼儿身心发展的特点，请设计一个关于“分类”的大班儿童数学活动。要求：写出活动目标、活动准备和活动过程。

知识5 艺术

1. 根据小班幼儿的年龄特点设计一个《小马过河》的音乐欣赏活动，要求写出活动目标、活动准备、活动过程。

2. 请以“花”为主题设计一篇大班美术活动，要求写出活动目标、活动准备、活动过程。

3. 五线谱的房子

（一）设计意图

五线谱是目前世界上普遍采用的记录乐曲的方法，让幼儿从小正确认识五线谱，也是为他们日后开展各种音乐活动做准备。如果老师只是单纯地讲解就会违背幼儿的身心发展需要，变成知识的灌输。所以，我结合幼儿的生活经验，通过给音符宝宝建房子的游戏，激发幼儿的活动兴趣，师幼互动，促使幼儿对五线谱的认识。

（二）活动目标

（1）通过游戏让幼儿认识五线谱，知道构成五线谱的元素线、间、小节线以及高音谱号的名称；

（2）让幼儿自由地在五线谱上建构乐谱，并能说出自己在五线谱的位置；

（3）培养幼儿的音乐素养，激发幼儿对音乐的兴趣；

（4）让幼儿体验互相帮助、共同合作的乐趣，培养幼儿充分的自信心和成功感。

（三）活动准备

（1）音符头饰；

（2）五线谱图示；

（3）制作五线谱的毛线，将若干小节线、高音谱号放在教室周围。

请根据设计意图、活动目标和活动准备，为中班幼儿设计音乐教学活动“五线谱的房子”，要求续写活动过程。

综合提升

1.

太阳和月亮

(一)设计意图

我们都知道天上有一个太阳和月亮,但是对于小班小朋友来说,还分不清什么时候会出现太阳,什么时候会出现月亮。

孩子们对“太阳是白天出现的,而月亮是黑夜才出现的”这样的一个自然现象了解还比较模糊。《太阳和月亮》这节课中的白天和黑夜是一个最突显的素材,根据小班幼儿直觉行动思维的年龄特点,结合幼儿的生活经验,再加上孩子喜欢朗朗上口的儿歌,于是,我尝试通过引导幼儿对儿歌的欣赏和音乐体验的方式,让孩子体会文学作品的情趣。所以我选择了《太阳和月亮》这篇充满趣味性、童真性的诗歌,萌发孩子们对诗歌活动的兴趣。

(二)活动目标

(1)理解诗歌内容,能大胆、大方地朗诵;

(2)学习短句“……醒来了”“……睡着了”;

(3)区分两段音乐不同的性质,体验诗歌所表现的“热闹”和“静悄悄”的意境美。

(三)活动准备

(1)月亮和太阳的背景图各一份,小鸭、小狗、小朋友醒着的图片和小兔、小草、小花睡着了的图片;

(2)音乐《快乐的早晨》《睡着了》。

请根据设计意图、活动目标和活动准备,为小班幼儿设计语言教案《太阳和月亮》,要求续写活动过程。

2. 为了促进幼儿艺术表现与创造能力，请根据中班幼儿的年龄特点，设计一次“可爱的小娃娃”泥工活动，包括活动名称、设计意图、活动目标、活动重难点、活动准备、活动过程等。

3.

两棵树

有这么两棵树，是那么友好。一棵长得很高大，一棵很矮小。但是，小树并不认输，它努力地生长，什么都要跟大树比一比。然而，有一天，人们在它们中间竖起了一堵高墙，它们看不见对方了。大树很落寞，日子是那么孤独无聊，大树的树叶开始枯黄。但小树在另一边安慰大树，说：“振作点！我们一定会长得超过高墙！”

终于有一天，大树看见了一片绿叶，从高墙那边攀伸过来，就向小树问候。“等一会儿！我快来了！”大树兴奋地对小树说，它在春天结束前也长高了许多，它盼望着能早日和小树会合。它们幸福地重逢了，尽管岁月改变了彼此的容颜，大树比以前更加高大，小树也不再是那么矮小。

它们又在比赛谁的枝上绿叶更多，鸟儿更多。它们是多么珍惜这重逢的欢乐。它们都在努力地把手臂伸向对方，只为了那友爱的会合。终于，它们的树枝互相交叠，谁也不能使它们再次分离。人们经过时，也许以为听到了风声，其实，那是两棵树在低声倾诉秘密。

大班幼儿喜欢交朋友，愿意和朋友一起玩，但是他们也常常闹矛盾，但过一会儿就没事了。孩子间的这种淳朴的感情，是多么的难能可贵。绘本《两棵树》是一个纯美温馨的小故事，它用诗意的语言叙述着两棵树的相守，为孩子们讲述了友爱与梦想，让幼儿学会感受友谊的珍贵。为此特意设计了幼儿园大班教案，让幼儿从故事中真正理解“什么是友谊”。

大班绘本教案：两棵树

（一）活动目标

（1）欣赏绘本内容，理解两棵树的纯洁友谊，感受两棵树的离别与重逢；

（2）观察画面，大胆猜测、表述绘本故事的情节内容；

（3）懂得正确对待身边的好朋友，珍惜朋友之间不可缺少的宝贵友谊。

（二）活动准备

课件、音乐。

请根据活动目标和活动准备，为大班幼儿设计“两棵树”活动，要求续写活动过程。

6. 在幼儿园科学领域子领域“科学探究”的活动中，5～6岁幼儿的活动目标是：能探究并发现常见的物理现象产生的条件或影响因素。

请以大班科学活动《奇妙的影子》为题，编写活动设计方案。

要求：

(1)活动设计周密完善(包含活动目标、活动重点、活动难点、活动准备、活动过程和活动延伸等)，形式合理、方法得当。

(2)活动过程安排合理，体现科学领域操作实验类活动的特点。

7. 根据下面案例，设计一份亲子运动会方案，要求写出亲子运动会的设计意图、两个运动项目(须写出运动项目的名称、材料和玩法)、家长工作要点以及实施注意事项。

在与本班家长的沟通会上，大(3)班教师发现，不少家长平时很少和孩子一起运动，因为不知道可以和孩子玩什么。为此，教师准备举行一场亲子运动会，让家长体验到生活中随手可得的一些废旧材料，都可以用来开展有趣的运动游戏，从而促进幼儿发展。

8. 请设计一个关于“玩圈”的中班健康活动，要求写出活动目标、活动准备及活动过程。

9.

冬爷爷的胡子

冬爷爷的胡子：亮晶晶，硬邦邦。

挂在哪儿？树枝、屋檐、山崖……

风娃娃，很喜欢冬爷爷的胡子，吹呀吹，荡呀荡，吹得胡子响叮当！

响叮当，叮当响，掉下一根粗又长，送给爷爷当拐杖……

请根据上述短文设计中班活动，要求写出活动目标、活动准备以及活动过程。

14. 小班的孩子刚进幼儿园，对一切还比较陌生，甚至有的孩子还在哭闹、恋家，那么要让他们进入到正常的学习中老师还是要费一番脑筋的。特别是小班的幼儿在动手能力方面有很大的欠缺，要培养他们的动手能力首先就要培养他们动手的兴趣。

孩子最喜欢音乐和游戏，请设计幼儿园小班教案《七彩乐园》，通过在音乐和游戏中完成，使孩子在开心、快乐的游戏中达到老师预设的目标。要求写明活动目标、活动准备和活动过程。

15. 三只想生病的小狗

花花、黄黄、灰灰是三只可爱的狗宝宝，他们都是狗妈妈的好孩子，狗妈妈非常爱他们。一天，花花生病了，躺在床上。狗妈妈很着急，想尽办法让花花好起来，可是没有用。花花想吃肉骨头，妈妈连忙拿来肉骨头；花花想吃苹果，妈妈连忙买来苹果；花花想玩玩具，妈妈连忙拿来玩具。黄黄和灰灰看到了，心想："要是我能生病该多好啊！"黄黄和灰灰想啊想，真的生病了。于是，黄黄要看图书，灰灰想吃虾条。妈妈忙呀忙呀，忙着照顾三个宝宝，狗妈妈太累了，终于病倒了，妈妈不能照顾三只小狗，连自己也无法照顾了。

看着妈妈痛苦的样子，三只狗宝宝非常内疚，觉得自己对不起妈妈。过了几天，三只小狗的病好了，他们都来照顾妈妈，狗妈妈开心地笑了。从此，三只小狗再也不想生病了。

请围绕该故事设计一个幼儿园大班的活动方案。要求写出活动目标、活动准备及活动过程等。

16. 阅读下列作品,分析作品中蕴含了哪些教育内容?请设计并画出一个与此教育内容相关的主题活动网,然后将其中的一个设想设计成一个具体的活动方案。

小猫盖的新房子

小猫要盖新房子了,朋友们都来帮忙。

"哼唷咳哟!"大象到树林里,运来一根又一根圆木。

"哧啦哧啦!"山羊和小花狗把圆木锯成一样厚的木板。

"叮当叮当!"小熊和小公鸡,一会儿就用木板钉成了一座漂亮的小房子。

汗水湿透了朋友们的衣衫,小猫真感谢大家。他说:"等我把房子装饰好,请大家来做客。"

小猫在墙上贴了一层奶白色壁纸,屋里亮堂多了;小猫给玻璃窗挂了一层鹅黄色窗帘,屋里光线变得真柔和;小猫在地上铺了花地毯,呀,走在上面真舒服。

好多天过去了,朋友们问小猫:"小猫,今天可以到你家做客吗?"

小猫说:"不行,不行,现在正下雨,你们会把新房子弄脏的。"

又过了几天,朋友们又说:"小猫,今天不下雨了,可以到你家做客吗?"

小猫说:"不行,不行,你们没看见天正在刮风,你们来会把新房子弄脏的。"

又过了几天,不下雨,也不刮风,太阳红红的,天气暖暖的,小猫说:"朋友们,请到我家来做客吧!"

朋友们高兴极了,可是,大象想了想,却对朋友们说:"小猫家铺了地毯,我们带着干净鞋子去吧!"

于是,有的夹着新鞋,有的包着刚刷过的干净鞋,笑嘻嘻地向小猫家走去。

到了小猫家门口,大家都换上了自己带来的干净鞋,刚要进门,小猫却端来一盆水说:"穿鞋会踩坏地毯的。大家脱了鞋,洗洗脚再进去吧!"

大象和小熊看看自己的脚,又看看那个小脸盆,摇了摇头:"算了,我们不进去了!"小山羊、小花狗、小公鸡见大象和小熊走了,说:"我们也不进去了!"

从此,谁也再没到小猫家做过客,谁也不愿再找小猫玩,每天和小猫做伴的,只有他的那座新房子。

20. 请根据大班幼儿身心发展的特点,设计一篇以“六一”节真快乐为主题的社会活动。要求写出活动目标、活动准备及活动过程。

21. 请根据所学的相关知识,设计一个早期阅读活动,设计内容包括:适合的年龄、活动目标、活动准备、活动过程以及设计意图等方面,其活动名称(即话题)自定。

22. 夏天到了,请为中班幼儿设计“夏季防暑办法”的健康教育活动,要求写出活动目标、活动准备和活动过程。

23. **“跳房子”游戏活动**

(一)活动目标

(1)发展幼儿投准、单脚跳跃动作,增强幼儿腿部力量,提高幼儿平衡能力;

(2)培养幼儿参与意识,竞争意识,规则意识。

(二)活动准备

(1)在场地上画好格子当作房子;

(2)准备一个小沙包。

请根据上述活动目标和活动准备,设计“跳房子”游戏的活动过程。

24. 在某幼儿园中开展安全教育调查发现:陌生人成功地与本园60%以上的幼儿“搭讪”,并从中了解幼儿名字、年龄、父母名字、职业、家庭住址等信息……30%以上的幼儿会接受陌生人的食物和玩具……18%左右的幼儿会跟着陌生人离开。一次兴趣活动中,教师和小班幼儿聊天,问:“如果碰到坏人,你应该怎么办?”幼儿的回答出乎教师的预料,用孙悟空、奥特曼当救星。这些回答让幼儿教师感到了身上的重担。

请以“防拐骗教育”为主题,自拟活动名称,设计一份集体教学活动方案。

28. 根据幼儿园大班幼儿身心发展特点，组织一个关于“旅游”的谈话活动。要求写出活动目标、活动准备、活动过程以及活动延伸。

29. 请根据故事《下雨的时候》设计小班幼儿的语言教育活动方案。要求写出活动目标、活动准备及活动过程等。

附故事：

下雨的时候

一天，小白兔在草地上蹦蹦跳跳，它看看花，采采蘑菇，玩得真高兴。忽然，刮起风，下起雨来。小白兔连忙摘了一片大叶子，顶在头上当作雨伞。小白兔淋不到雨了。

小白兔走呀走，看到前面有一只小鸡，被雨淋得“叽叽叫”。小白兔说：“小鸡，小鸡，快到叶子下面来躲雨吧。”小鸡说：“谢谢你。”它们一起在叶子下面躲雨。

它们走呀走，又看见前面有一只小猫被雨淋得“喵喵叫”。小白兔和小鸡一起叫：“小猫，小猫，快到叶子下面来躲雨吧。”小猫说：“谢谢你们。”它们一起在叶子下面躲雨。

过了一会儿，雨停了，太阳出来了。小猫、小鸡和小白兔三个好朋友一起做游戏，它们玩得真高兴。

30. 为了缓解、转移幼儿的不良情绪，培养幼儿良好的情绪情感，请根据大班幼儿的身心发展特点，以“消气吧”为主题，设计一个大班社会活动。

要求写出活动目标、活动准备及活动过程。

31. **小猫钓鱼**

在树林旁边，有一条小河，河里有许多鱼在水里游来游去。

一天早上，猫妈妈带着小猫到小河边去钓鱼。

一只蜻蜓飞来了，蜻蜓真好玩，飞来飞去像架小飞机。小猫看了真喜欢，放下钓鱼竿，就去捉蜻蜓。蜻蜓飞走了，小猫没捉着，空着手回到了河边，一看，猫妈妈钓了一条大鱼。

小猫又坐到河边钓鱼，一只蝴蝶飞来了，蝴蝶真美丽，小猫看了真喜欢，放下了钓鱼竿，又去捉蝴蝶。蝴蝶飞走了，小猫又没捉着，空着手回到河边，一看，猫妈妈又钓了一条大鱼。

小猫说：“真气人，我怎么一条小鱼也钓不着？”

猫妈妈看了看小猫说：“钓鱼就要一心一意，不要三心二意，你一会儿捉蜻蜓，一会儿捉蝴蝶，怎么能钓着鱼呢？”

小猫听了猫妈妈的话很难为情，开始一心一意地钓鱼了。

蜻蜓又飞来了，蝴蝶也飞来了，小猫就像没有看见一样，一步也没走开。不一会儿，嗨！钓竿上的线往下沉，钓竿也动起来啦，小猫使劲把钓竿往上甩，“哎哟！”一条大鱼钓上来啦。小猫高兴地喊了起来：“我钓到大鱼啦，我钓到大鱼啦！”

某班有几个幼儿做事三心二意，为帮助他们养成专心做事的好习惯，请设计大班“小猫钓鱼”的社会活动，通过“小猫钓鱼”的故事，让幼儿知道只有一心一意做事，才能把事做好。要求写明活动目标、活动准备和活动过程。

39. 请设计一节大班健康活动《我的心情我做主》，要求：活动设计意图、活动目标、活动准备、活动重难点、活动过程。

40. 个人对自己情绪的表达与控制能力是其心理健康的重要保证，也是其心理健康的重要指标之一，儿童年龄虽小，但在现实生活中面对产生的各种各样的情绪同样也需要进行表达与控制。中班的孩子已经有了一些生活情感的初步体验。

请以“情绪”为主题，设计一个中班社会活动方案，要求写出活动名称、活动目标、活动准备和活动过程。

41. 以“快乐的端午节”为活动内容，设计一份大班社会教育活动计划。

要求写出活动目标、活动准备、活动过程。

下篇　全真模拟试卷

教师招聘考试全真模拟试卷(一)

(满分100分　时间120分钟)

一、单项选择题(在每小题列出的四个备选项中只有一个是符合题目要求的,请将其代码填写在题后的括号内。错选、多选或未选均无分。本大题共20小题,每小题1分,共20分)

1. 皮亚杰认为,影响儿童智力发展的关键知识类型是(　　)

A. 社会知识　　B. 物理知识　　C. 生命知识　　D. 逻辑—数理知识

2. 以下关于科学的正确描述是(　　)

A. 科学是反映客观事实和规律的知识体系

B. 科学的性质主要表现为它是现实的生产力

C. 科学回答的是“做什么”“怎么做”的问题

D. 科学的目的和任务在于对自然界的控制和利用

3. 大班活动《认识鸟儿》教师制定的目标之一是引导幼儿观察小鸟,认识其外形特征及结构。这一目标属于(　　)

A. 长期目标　　B. 中期目标　　C. 短期目标　　D. 活动目标

4. 以认识空间图形为例,小、中班幼儿以认识平面图形为主,大班幼儿可以学习认识几何体。这反映的是数学教育内容的(　　)(易错)

A. 科学性　　B. 启蒙性　　C. 系统性　　D. 适时性

5. 幼儿园课程实施的创生取向是把课程实施过程看成是(　　)在具体情境中联合创造、生成新的教育经验的过程。

A. 领导　　B. 专家　　C. 师生　　D. 家园

6. 在分类过程中理解类与子类、整体与部分的关系是(　　)的教育内容。

A. 小小班　　B. 小班　　C. 中班　　D. 大班

7. 幼儿成长档案袋中,幼儿唱歌作品一般用(　　)形式记录。

A. 原始作品呈现　　B. 照片　　C. 文字表达　　D. 录音、录像

8.《幼儿园教育指导纲要(试行)》的基本指导思想集中反映在总则里,贯穿在整个《纲要》的各部分,其基本指导思想不包括(　　)

A. 终身教育的理念　　B.“以知识为本”的幼儿教育

C. 面向世界的科学幼儿教育　　D.“以人为本”的幼儿教育

2. 简述学前儿童体育活动的基本内容。

3. 简述幼儿园体育活动中常用的练习法的类型。

四、案例分析题(本大题18分)

在一次大班数学的分类教学中,活动开始,老师出示了许多动物的卡片,请小朋友们上来把他认为具有相同特征的动物放在一起,航航上来将狮子、老虎与羊放到一起,其他小朋友马上大叫起来:"不对,不对,老虎和狮子会把羊吃掉的。"航航迟疑了一会儿,把羊去掉,然后将乌龟与狮子、老虎放在了一起。又有小朋友说:"不对,乌龟是生活在水里的,狮子和老虎是生活在陆地的。"航航有些为难了,用求助的眼神看着老师,但老师只是微笑地看着他并没有回应,他只好自己继续分下去,最后他把大象与狮子、老虎放在了一起。老师没有对航航的分类过程和结果进行评价,接着又请另一位小朋友上来操作,就这样,老师连续请四位小朋友上来操作结束后,总结说:"动物有很多的特点,所以我们可以有很多种不同的分类。"

请你根据上述内容分析幼儿学习数学的心理特点。你认为教师的教育行为是否恰当,并阐述理由。

12. 让幼儿学习某种内容或做某件事,要想办法引起儿童的兴趣。这是利用幼儿大脑皮质活动的(　　)

A. 优势原则　　B. 镶嵌式活动原则

C. 动力定型　　D. 抑制原则

13. 成人要注意保护幼儿的耳朵以防生冻疮,是因为幼儿的(　　)

A. 耳郭血液循环差　　B. 耳咽管较短

C. 耳皮下脂肪较多　　D. 外耳道较浅

14. 为幼儿提供的食物要比成人的细软些。这主要是因为幼儿(　　)

A. 乳牙未全部萌出　　B. 消化能力较弱

C. 吸收能力较强　　D. 胃的容量较小

15. 幼儿身体各系统发育不平衡,在下列系统中发育最早的是(　　)

A. 运动系统　　B. 循环系统　　C. 生殖系统　　D. 神经系统

16. 幼儿在比较两个物体时,能力发展的顺序是(　　)

A. 相同处—不同处—相似处　　B. 相似处—相同处—不同处

C. 不同处—相似处—相同处　　D. 不同处—相同处—相似处

17. 呼吸道传染病主要是通过(　　)

A. 食物传播　　B. 空气飞沫传播　　C. 水源传播　　D. 虫媒传播

18. 发烧、全身不适、咳嗽,并在幼儿手指背面、手掌、足趾等出现皮疹,口腔内产生水疱等症状的传染病是(　　)

A. 流行性感冒　　B. 腮腺炎　　C. 麻疹　　D. 手足口病

19. 美术教育与其他艺术形式的教育相比,最本质的区别在于它是一门(　　)

A. 时间艺术　　B. 听觉艺术　　C. 视觉艺术　　D. 表演艺术

20. 在进行体育活动时,李老师引导幼儿按照“从易到难”“从简到繁”的顺序掌握动作。这遵循了幼儿园体育活动的(　　)原则。

A. 适量性　　B. 日常性　　C. 兴趣性　　D. 循序渐进

21. 教师在投掷线前挂一条有一定高度的绳子,要求幼儿投沙包时,使沙包从绳子上飞过。这种练习法是(　　)(常考)

A. 整体练习　　B. 变化练习　　C. 条件练习　　D. 分解练习

22. 下列不适合幼儿学习的音乐活动内容是(　　)

A. 视唱练耳活动　　B. 打击乐演奏活动

C. 音乐欣赏活动　　D. 歌唱活动

23. 在幼儿歌唱活动中,教师做法正确的是(　　)

A. 提醒幼儿尽量大声歌唱　　B. 多用唱片替代自己范唱

C. 引导幼儿用自然的声音歌唱　　D. 引导幼儿反复练习,长时间歌唱

24. “能模仿学唱短小歌曲”这一目标适合的年龄班是(　　)

A. 小班　　B. 中班　　C. 大班　　D. 学前班

25. 教师运用图谱帮助幼儿感知理解音乐。这种材料是(　　)(易混)

A. 语言材料　　B. 视觉材料　　C. 动作材料　　D. 声音材料

26. 观察时,要求幼儿能比较全面细致地观察物体的形状、大小、结构、颜色和物体的动态。这种要求主要针对的年龄班是(　　)

A. 小小班　　B. 小班　　C. 中班　　D. 大班

27. “通过和幼儿一起翻阅相片,讲述幼儿成长的故事等,让幼儿感受到家庭和幼儿园的温暖,从而对培育自己的人产生感激之情。”这是培育幼儿(　　)

A. 初步的行为规范　　B. 初步的表达能力

C. 初步的阅读能力　　D. 初步的归属感

28. 小班幼儿要正确判断两组物体哪组多,哪组少,适宜的方法是(　　)

A. 比较法　　B. 分类法　　C. 练习法　　D. 寻找法

29. “能对事物或现象进行观察比较,发现其相同与不同”,这一目标涉及的年龄段是(　　)

A. 3～4岁　　B. 4～5岁　　C. 5～6岁　　D. 6～7岁

30. 教师向幼儿提问“房子为什么会动?”“这是一只什么样的松鼠?”这种提问属于(　　)

A. 创造性提问　　B. 假设性提问　　C. 思考性提问　　D. 描述性提问

31. 选择幼儿园科学教育内容的首要前提是(　　)

A. 科学性和启蒙性　　B. 系统性和整合性

C. 地方性和季节性　　D. 多样性和代表性

32. 关于儿童早期阅读能力的研究发现,两三岁儿童最初的阅读行为是(　　)

A. 注意图画,但未形成故事　　B. 注意图画并形成故事

C. 注意图画、阅读和讲故事　　D. 注意文字

33. 纸、布、树叶、羽毛等是幼儿手工活动中常用的(　　)

A. 块状材料　　B. 点状材料　　C. 线状材料　　D. 面状材料

34. 绘画时,幼儿常常将无生命的物品赋予生命和情感。这是幼儿绘画特殊画法中的(　　)

A. 拟人法　　B. 透明法　　C. 夸张法　　D. 展开法

35. 幼儿将橡皮泥制作成许多彩色的小圆球,该活动幼儿要用到的橡皮泥制作的基本技能是(　　)

A. 抻拉　　B. 抟圆　　C. 压扁　　D. 搓长

二、填空题(在下列每小题的空格中填上正确答案。填错、不填均不得分。本大题共10小题,每空1分,共15分)

1. 幼儿循环系统的特点:年龄越小,心率越________,体育锻炼可增强心脏功能,但运动量要________。(易错)

2. 传染病流行的三环节是________、传播途径、________。

五、活动设计题(本大题共25分)

请以“风在哪里”(诗歌)为活动内容,设计一份大班语言活动计划。

要求写出活动目标、活动准备和活动过程。

风在哪里

风在哪里?
树儿说:
当我的枝叶翩翩起舞,
那是风在吹过。
风在哪里?
花儿说:
当我的花朵频频点头,
那是风在吹过。
风在哪里?
草儿说:
当我的身体轻轻晃动,
那是风在吹过。
风在哪里?
风就在我们身边。
春天,它吹绿了大地;
夏天,它送来了凉爽;
秋天,它飘来了果香;
冬天,它带来了银装。

教师招聘考试全真模拟试卷(三)

(满分100分　时间120分钟)

一、单项选择题(在每小题列出的四个备选项中只有一个是符合题目要求的,请将其代码填写在题后的括号内。错选、多选或未选均无分。本大题共20小题,每小题1.5分,共30分)

1. 对小班幼儿进行常规教育时,最合适的语言描述是(　　)

A.“请注意不要错拿别人的手巾”　　B.“拿别人的手巾小朋友会不高兴的”

C.“请拿自己的手巾,上面绣着你的小标志”　　D.“乱拿别人的手巾老师会批评的”

2. 活动性原则要求幼儿教育以活动为主,并将活动贯穿于整个教育过程中。这种活动主要是指(　　)

A. 教师设计和指导的活动　　B. 幼儿的游戏活动

C. 幼儿的自选活动　　D. 幼儿主动、积极的活动

3. 小红能初步自主地集中注意力倾听他人谈话,表明她在谈话的学习与发展方面已处于(　　)

A. 初始阶段　　B. 稳定阶段　　C. 拓展阶段　　D. 萌芽阶段

4. 教师在什么样的情况下应该介入幼儿游戏(　　)

A. 幼儿进入游戏角色　　B. 幼儿出现偏离游戏预设角色的想象

C. 有小朋友争着要担当某一角色　　D. 游戏即将结束时

5. 当角色游戏结束时,教师不合适的语言提醒是(　　)

A.“现在时间到了,该下班了”　　B.“没看好病的病人请明天再来吧”

C.“时间到了,游戏结束,老师要收玩具了”　　D.“请还没卖完东西的售货员明天再来”

6. 能帮助幼儿对图形、数量的理解,并获得对称、厚薄、宽窄、上下等概念的创造性游戏是(　　)

A. 角色游戏　　B. 结构游戏

C. 智力游戏　　D. 体育游戏

7. 幼儿根据《拔萝卜》《三只蝴蝶》《小兔子乖乖》《彼得与狼》等故事或童话开展的角色扮演游戏,称为(　　)(易混)

A. 角色游戏　　B. 语言游戏　　C. 交往游戏　　D. 表演游戏

8. 幼儿智力游戏组织和指导原则不包括(　　)

A. 选择和编制合适的智力游戏　　B. 帮助幼儿构建规则意识

C. 培养幼儿的游戏策略意识　　D. 教给幼儿游戏的策略

9. 下列游戏的指导方法,错误的是(　　)

A. 角色游戏指导时,教师可以以角色身份指导游戏

B. 结构游戏指导时,教师应该手把手教

C. 表演游戏指导时,应选择幼儿容易理解又便于表演的作品

D. 规则游戏指导时,教师应详细介绍游戏及规则

34. 幼儿阶段是生长发育的重要阶段,饮食营养是影响生长发育的重要因素,为他们提供充足的营养物质不仅可以促进身体发育,对大脑发育和智力发展也非常重要。因此幼儿合理膳食的标准是(　　)(易错)

A. 多样性　　B. 充分性　　C. 均衡性　　D. 适度性

35. 幼儿园音乐活动的功能包括(　　)

A. 愉悦幼儿的身心
B. 可以培养幼儿的审美能力
C. 可以进行音乐的启蒙教育
D. 培养幼儿丰富的生活情感

36. 幼儿园教师常用的有效提问方法有(　　)(常考)

A. 启发式提问
B. 发散式提问
C. 封闭式提问
D. 激趣式提问

37. 早期阅读活动利用图书、绘画为幼儿创设一个书面语言环境,使幼儿有机会接触书面语言,了解语言的基本文化内涵。因此,幼儿早期阅读的重点是(　　)

A. 培养幼儿倾听的习惯
B. 培养幼儿对书面语言的兴趣
C. 培养幼儿对汉字的敏感性
D. 丰富幼儿前阅读和前书写经验

38. 根据不同的分类标准,示范可分为(　　)

A. 完整示范和分解示范
B. 正面示范和背面示范
C. 动作示范和活动方式示范
D. 个人示范和集体示范

39. 幼小衔接是指幼儿园和小学教育两个阶段的衔接,需要幼儿园与家庭、小学方面的密切配合,顺利完成从幼儿园教育到小学教育阶段的过渡。其中,幼小衔接应特别注意的问题是(　　)(常考)

A. 衔接工作应贯穿整个幼儿园
B. 进行某些方面的强化训练
C. 幼儿园、小学、家庭通力协作
D. 避免"小学化倾向"

40.《3~6岁儿童学习与发展指南》将幼儿艺术学习与发展划分为"感受与欣赏""表现与创作"两个子领域,其中"感受与欣赏"包含的目标是(　　)

A. 喜欢自然界与生活中美的事物
B. 具有初步的艺术表现与创造能力
C. 喜欢进行艺术活动并大胆表现
D. 喜欢欣赏多种多样艺术形式和作品

四、案例分析题(本大题共20分)

今天是中(1)班"美美餐厅"开张营业的第一天,来就餐的客人很多。小宝忙着上菜(小朋友剪的蔬菜纸片)。贝贝则忙着给客人拿餐具。招待了几位客人后,菜没了。小宝跑来向教师求助:"老师,菜没了。"教师随手拿起了一小盒雪花片说:"这不还有嘛!"小宝和贝贝就用这些"蔬菜"去招待客人了,过了一会儿,小宝又说:"菜没了。"贝贝听到后,看看刚才放雪花片的盒子,说:"嗯,真是没有菜了!"接着他想起了什么似的,回头对小宝说:"有了,我去买菜。"只见他跑向玩具架,又端了一盒雪花片回来,边跑边兴奋地说:"菜买回来了,菜买回来了!"于是小宝又开始给客人上菜,贝贝则继续给没有餐具的客人分餐具。分到最后,餐具也没有了,贝贝对没有餐具的两位客人说:"餐具没有了,你们用手拿着吃吧。"客人当当说:"啊!用手拿着吃有细菌呀!"另一位客人瓜瓜则伸出两个手指说:"这样吃!”只见他把手指当成筷子。夹起一片雪花片“啊呜啊呜”地吃起来。当当看到后,也连忙伸出手指,夹起一片雪花片吃起来,边吃边和瓜瓜咯咯地笑。

请你阅读上述观察实录,结合游戏理论分析观察实录中幼儿贝贝和瓜瓜的行为表现,并给出教师的回应策略。

五、活动设计题(本大题共20分)

对于幼儿来说:“敢于探究和尝试”是需要培养的学习品质之一。请以“各种各样的筷子”为主题,设计一个中班科学教育活动。